残念な死に方事典

落ち武者狩り
明智光秀

街でめった斬り
佐久間象山

飲酒して溺死
長尾政景

地震で圧死
藤田東湖

山で滑落死
佐久間信盛

置き去り死
龍造寺隆信

日本初の爆死
松永久秀

浜に捨て去り
伊東義祐

監修 小和田哲男

◆織田信長
◆坂本龍馬
◆源義経
◆太田道灌
◆真田信繁（幸村）
◆西郷隆盛
◆丹羽長秀
◆波多野秀治
◆伊庭八郎
◆柴田勝家
◆足利義輝
◆山県昌景
◆武市半平太
◆山中鹿介
◆平手政秀
◆大村益次郎

◆佐久間盛政
◆豊臣秀次
◆伊達輝宗
◆尼子晴久
◆吉田松陰
◆豊臣秀頼
◆森蘭丸
◆沖田総司
◆高杉晋作
◆長宗我部信親
◆源実朝
◆芹沢鴨
◆上杉定正
◆足利義教
◆井伊直弼
◆小早川秀秋

はじめに

日本における中世・近世の主役は「武士」である。平安時代に端を発し、それまで政治の中心にいた貴族たちを持ち前の武力で引きずり下ろすと、鎌倉時代から明治維新まで約700年もの長い間、日本の支配層として君臨した。

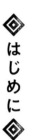

また、彼ら武士はいわば軍人であり、存在意義の主幹をなすものは戦うことであった。そのため平和な時代であっても腰帯にはつねに刀を差し、戦って死ぬことが最高の誉れとされた。

だが、武士の皆が皆、討ち死にしたわけではなく、その死に方は多種多様である。天寿を全うして畳の上で往生したり、不慮の事故で命を落としたりと、武士としては不名誉な最期を遂げた者も数多くいた。もちろん、戦場で美しく散った武士も多いのだが、その死に方もさまざまであり、いくら誉れといえども筆舌に尽くしがたい凄惨な死に方もあった。

ちなみに本書は、武士たちの死に方が誉れであるか誉れでないかということは関係なしに、「残念な死に方」をした者たちを集めている。「残念」という言葉には悔しいとか情けないという意味合いがあるが、生き様が華々しいものでなければそのような心情にはならない。つまり、納得のいかない死に方をした武士ほど、その生き方は非常にドラマティックなものであったといえる。

最後に、武士たちの死生観を探っていくと、あなた自身の死生観も変わることになるだろう。人の死を感じ取ることで、はじめて自分自身の死と向き合えるからだ。生の向こう側に存在する死を悟り、今日一日をどう生きるかを考える。本書がその一助となれば幸いである。

小和田哲男

残念な死に方事典 目次

はじめに……2

武士から「死に方」を見つけたり……9

第一章 残念な死に方

明智光秀《あけちみつひで》（55歳）
農民からの落ち武者狩りに遭い惨殺《ざんさつ》
18

織田信長《おだのぶなが》（49歳）
信頼の厚かった家臣の謀反で焼死
22

坂本龍馬《さかもとりょうま》（32歳）
残忍で不可解な日本史最高峰の英雄の死
26

源義経《みなもとのよしつね》（31歳）
尽くした兄に追われて家族と自害!
30

太田道灌《おおたどうかん》（55歳）
卓越した実力が招いた想定外の不幸
34

真田信繁《さなだのぶしげ》（幸村《ゆきむら》）（49歳）
天下人の家康を震え上がらせた武勇者
38

西郷隆盛《さいごうたかもり》（50歳）
維新政府を樹立した英雄の哀しき末路
42

第二章 痛そうな死に方

丹羽長秀《にわながひで》
(51歳)
死の間際まで秀吉に怒りをぶちまけた
48

松永久秀《まつながひさひで》
(68歳)
信長に逆らい日本で最初に爆死した男
52

波多野秀治《はたのひではる》
(39歳?)
辞世の句に無念を綴《つづ》って磔《はりつけ》の刑に
56

伊庭八郎《いばはちろう》
(26歳)
幕府に命を捧げて戦った隻腕《せきわん》の勇者
60

柴田勝家《しばたかついえ》
(62歳?)
一生を軍事に捧げた武将の無念の死
64

足利義輝《あしかがよしてる》
(30歳)
一万の軍勢相手に戦い抜いた剣豪将軍
68

山県昌景《やまがたまさかげ》
(52歳?)
待ち構える銃で蜂の巣にされて絶命
72

武市半平太《たけちはんぺいた》
(37歳)
凄絶《ぜいぜつ》な死に様で自害した幕末志士
76

佐久間象山《さくましょうざん》
(54歳)
死すべくして死した幕末の傑物
80

第三章 可哀そうな死に方

山中鹿介《やまなかしかのすけ》
(34歳)
主君のため忠義に生きた悲運の武将
86

平手政秀《ひらてまさひで》
(62歳)
諫死《かんし》にこめられた
想いと無念が交錯
90

大村益次郎《おおむらますじろう》
(46歳)
維新十傑の天才軍師が
迎えた無念の死
94

佐久間盛政《さくまもりまさ》
(30歳)
派手な死装束で
京の市中引き回し
98

豊臣秀次《とよとみひでつぐ》
(28歳)
無念の自害を遂げて
眷族《けんぞく》も皆殺し
102

伊達輝宗《だててるむね》
(42歳)
我が子の目前で
殺された政宗の父
106

第四章

予想外な死に方

龍造寺隆信《りゅうぞうじたかのぶ》
(56歳)
家臣に置いてきぼりに
されて惨死《ざんし》
112

尼子晴久《あまごはるひさ》
(47歳)
戦の勝敗が決する前に
心臓麻痺
116

佐久間信盛《さくまのぶもり》
(54歳)
信長と生き、信長に
生を奪われた宿老《しゅくろう》
120

長尾政景《ながおまさかげ》
(39歳)
湖上の遊宴で
酒を飲み溺死《できし》
124

吉田松陰《よしだしょういん》
(30歳)
暗殺計画を
自ら暴露して死罪
128

藤《ふじ》田《た》東《とう》湖《こ》
(50歳)
母想いの優しさで
自らの命を犠牲に
132

伊《い》東《とう》義《よし》祐《すけ》
(74歳)
戦国大名から
乞食となって絶命
136

第五章
悔やまれる死に方

豊臣《とよとみ》秀頼《ひでより》
(23歳)
最後まで戦場に
出なかった総大将
142

森《もり》蘭《らん》丸《まる》
(18歳)
勇ましくも利発な
若き小姓
146

沖《おき》田《た》総《そう》司《じ》
(27歳?)
多くの仲間に悔やまれた
若き剣豪の死
150

高杉《たかすぎ》晋作《しんさく》
(29歳)
波乱万丈な途を
選んだ革命家
154

長《ちょう》宗《そ》我《か》部《べ》信親《のぶちか》
(22歳)
凄絶な戦いの果てに
散る花の若武者
158

源《みなもとの》実《さね》朝《とも》
(27歳)
甥に殺された
三代目将軍の悲劇
162

第六章 因果応報な死に方

芹沢鴨《せりざわかも》
(38歳)
隊内粛清《しゅくせい》で仲間に暗殺された浪士
168

上杉定正《うえすぎさだまさ》
(49歳)
呪い？　不慮の死を遂げた戦国武将
172

足利義教《あしかがよしのり》
(48歳)
室町幕府を揺るがせた将軍暗殺
176

井伊直弼《いいなおすけ》
(46歳)
桜田門に散った稀代の為政者《いせいしゃ》
180

小早川秀秋《こばやかわひであき》
(21歳)
乱世に翻弄された寝返り戦国武将
184

コラム

其の一 徳川家康の死因は食中毒だった!? …… 46
其の二 生首を見てトラウマに！ショック死した毛利幸松丸 …… 84
其の三 詩人だからこそ死(詩)に上手!? …… 110
其の四 源頼朝は馬から落ちて死亡した？ …… 140
其の五 お城が燃えている!? 勘違いで自決した白虎隊 …… 166
其の六 鮭を食べて死亡した義理堅い吉川元春 …… 188
おわりに …… 189
参考文献 …… 191

武士から「死に方」を見つけたり

戦を糧とし、死を誉れとする我ら武士。最期の瞬間をぜひともご覧あれ。

栄耀栄華を極めた武士、
夢半ばで散った武士、
幕末の動乱期に命を懸けた武士。
晩年の姿と、その死に方について探る!

武士とは何ぞや？

貴族社会だった時代に武士が爆誕

武士の誕生は平安時代といわれている。その起源は、地方の裕福な農民が自分の土地を守るために武装した説。もしくは、都の貴族が役人となって地方に赴任し、土着して力をつけた説。ほかにも諸説あるものの、有力とされているのはこの二つである。平安時代末期になると皇位継承をめぐって朝廷が分裂。この内部抗争の解決に平氏と源氏といった武士の力に朝廷が頼ったことで、武士が存在感を示すようになった。その後、源氏と平氏の争いに発展し、勝利した源氏が新時代を築く。

鎌倉時代（1185年〜1333年）

初の武家政権はわずか三代で終了

文治元年（1185年）、平氏を破った源頼朝が支配体制を強めると、政治の中心は京都から鎌倉へ移る。鎌倉時代のはじまりである。将軍と御家人という封建的な主従関係を結び、日本初の武家政権を誕生させた頼朝。

だが、相次ぐ暗殺によってわずか三代で実権をなくした。それ以降は、頼朝の妻・政子の実家である北条家が権力を掌握。しかし、その北条家も次第に弱体化すると、朝廷が倒幕の動きを活発化させる。そこで目覚ましい活躍を見せ、多くの武士たちから支持を集めたのが足利尊氏だった。

室町時代（1336年～1573年）

武家政権がふたたび訪れるも安定せず

足利尊氏が開いた室町幕府の政局はとても不安定だった。朝廷は南北に分かれ、幕府も一枚岩ではなく内乱や紛争が絶えなかったのだ。

政権が安定するようになったのは三代目将軍・義満の時代だが、総じて室町幕府の支配体制は盤石なものではなかった。御料所と呼ばれる直轄領は乏しく、将軍の直属軍である奉公衆も脆弱だったため、全国の守護たちと協力する形で支配を進めた。

次第に守護たちの支配力は肥大化し、室町幕府は守護を含めた連合政権のような様相を呈した。

戦国時代（1493年〜1568年）

血で血を洗う群雄割拠の時代に突入

数々の内乱や紛争で室町幕府の権威が失墜すると、領国の支配は実力主義になった。幕府のうしろ盾を無くした守護たちが、守護代や国人たちに地位を追われる「下剋上」が全国で勃発。戦国時代の到来である。

それまでの中央集権国家から地方分権国家へと移行し、戦国大名が領土拡大や天下統一を画策し、群雄が割拠する戦乱の日々が続いた。そんななかで、破竹の勢いで支配地域を広げていったのが尾張の戦国大名・織田信長だった。智謀《ちぼう》に長《た》けた戦略で畿内《きない》や東海を掌握し、事実上の天下人となった。

織豊時代（1568年〜1603年）

信長、秀吉、家康の三英傑が揃い踏み

信長は意外なところで足元をすくわれる。重用していた家臣・明智光秀に謀反を起こされてこの世を去るのだ。そこへ、次なる天下人として名乗りを挙げたのが、信長の家臣・羽柴秀吉であった。

秀吉は、信長の家臣たちによる内紛を鎮静化させると、四国・九州を平定。さらに、朝廷に近づき関白や太政大臣の職に就いて豊臣姓を賜った。その後、関東・東北だけにとどまらず朝鮮半島まで攻め入った。そして秀吉が他界すると、その時を待っていたとばかりに徳川家康が政権を奪取した。

江戸時代（1603年～1868年）

武士を支配層とした長期政権が確立

家康が征夷大将軍に就任すると、政治の中心を大坂から江戸に移した。江戸時代のはじまりである。

家康は各地の大名に領地を藩として分け与える「幕藩体制」を敷き、事実上の管理下に置いた。その後、徳川幕府は265年間続く長期政権となったが、江戸時代中期には財政が悪化しており何度も改革を余儀なくされた。

また、経済的には苦境に喘いでいたが、武士たちの暮らしは長らく平和が続いた。江戸時代も終わり頃になると、刀は差せても鎧や兜の着方を知らない武士が続出したという。

幕末維新（1853年〜1869年）

新時代に入りお払い箱となった武士

アメリカの黒船が日本にやってくると武士たちは慌てふためいた。外国勢を退けるには、幕府と朝廷が力を合わせるべきか、それとも幕藩体制を終わらせるべきか——。百出した議論は幕府と抵抗勢力による武力での衝突を招くも、幕府は朝廷に政権を返上。天皇を中心とした新政府が樹立された。

その後、新政府は旧幕府軍や地位を奪われた士族たちと激しい戦いを繰り広げ、政権交代が発端となった数々の内乱を平定。国内に平和が訪れると、武士は見る影もなくなっていた。

第一章

残念な死に方

明智光秀
織田信長
坂本龍馬
源義経
太田道灌
真田信繁（幸村）
西郷隆盛

織豊時代

明《あけ》智《ち》光《みつ》秀《ひで》

農民からの落ち武者狩りに遭い惨殺《ざんさつ》

死に方

落ち武者狩り

享年55
(1528年?～1582年)

PROFILE

清和源氏の流れをくむ美濃土岐氏が出自とされ、戦国の覇者・織田信長の重臣に取り立てられる。幕府や公家など幅広い人脈あり、高い教養を持っていた。

信長討伐で京の制圧から一転して謀反人に

「――そ、それは真《まこと》であるか？」

本能寺で織田信長を討ち取って京を制圧し、よもや天下人にならんと気運が高まりかけていた光秀。次々と注進にくる家臣たちの信じがたい悪報に愕然《がくぜん》とし、光秀は武運に見放されつつあることをおぼろげに悟るのだった。それでも光秀は事後を回想する。

本能寺に攻め入って三日後、信長の居城である安土城へ進軍した。

その四日後、安土から自身の居城である坂本を経由して京へと戻り、宮中に参内し、朝廷や有力な寺院に銀子を献納した。万事つつがなく進んでいたはず……だった。

最大の誤算は、本能寺の変を正当化しようと毛利方に宛てて送った密書が、毛利に届かないばかりか、備中高松城の戦い[※1]に挑んでいた羽柴秀吉の手に渡ってしまったことである。しかも平定したはずの京では、反旗を翻した光秀こそが謀反人であるとして混乱が続き、頼みの綱ともいえる細川藤孝《ほそかわふじたか》・忠興《ただおき》親子や筒井順慶《つついじゅんけい》らに出陣を要請するも、ことごとく断られた。そして信じがたいことに、中国攻めの最中であった秀吉は、ただちに毛利と和睦を結び、光秀を討つべくすでに軍を姫路へ引き返しているというではないか。

主君の仇を取るための神がかり的な猛進に、光秀は言葉を失うしかなかった。

我が天命の行く末を予見していたとも

本能寺での蜂起から十一日後。天王山の麓である山崎[※2]において、光秀軍と秀吉軍の戦いの火ぶたが切って落とされた。大義を掲げた秀吉のもとには、丹羽長秀、池田恒興、さらには光秀側であった中川清秀や高山右近までも馳せ参じた。短期間での呼びかけながらも、秀吉軍に集結した諸将の数は四万近く。対して光秀軍は一万余り。圧倒的な兵力の差を目

※1　羽柴秀吉が毛利配下の清水宗治を城主とする備中国高松城を水攻めにした戦い。毛利側に向けた光秀の密使は、秀吉が備中に配置していた忍者によって捕縛

※2　現在の京都府長岡京市・京都府大山崎町の一帯

の当たりにし、光秀の胸中に去来するのは本能寺へ向かう一週間前の五月二十八日のこと。愛宕山内《あたごやまうち》の西坊威徳院において、「愛宕百韻《ひゃくいん》」として有名な連歌会《れんがえ》を催した。神仏を前に行うこの会には、戦勝祈願の意味も含まれていた。すでに光秀の心にはたしかな決断があり、その席上で一句を披露したのである。

命運が切り替わったわずか数週間前のことを、あらためて振り返りながら、光秀は自軍を指揮して突撃を開始する。天正《てんしょう》※3十年六月十三日、雨が降りしきる午後四時だった。

いざ戦いがはじまると勝負は早かった。光秀軍の主戦力である斎藤利三隊とその三千の兵が崩壊すると、百戦錬磨の秀吉軍が戦局を一気に掌握。光秀は敗走するしか術がなかった。が、落ちゆく道半ばで光秀の天命は、あっけなく尽きてしまう。

農民の落ち武者狩り※4に遭い、無残にも山野で野垂れ死んだのだ。信長を討って天下人となった十一日後のことであった。あまりに短いその治世は『三日天下』とも呼ばれる。

ときはいま　あめが下しる　五月かな

最後となった連歌会で披露した明智光秀の一句。「とき」は光秀の名・土岐を表し、「あめ」は天下だと解釈されるこの句は、一か八かの大勝負に打って出る前の決意を表明しつつ、心の内で敗北を意識していたという一説がある。

※3　西暦1582年7月2日

※4　農民が逃亡する武将を殺害する慣行。鎧や刀などを奪って売り払っていた

一か八かの勝負に賭け
地位も命もすべてを失う

天下人である主君の織田信長を討ち取るまではよかったが、そもそも大器ではない明智光秀。博打的な行動を控えて上手く立ち回れば、歴史に残る名将になれたはずである。

織豊時代

信頼の厚かった家臣の謀反で焼死

織《お》田《だ》信《のぶ》長《なが》

死に方

自《じ》刃《じん》

享年49
(1534年～1582年)

PROFILE

尾張の織田弾正忠家に生まれ、破竹の勢いで戦国の覇者に登りつめる。畿内を掌握し、中国地方や関東地方へ勢力を拡大している最中に無念の死を遂げる。

未明の奇襲攻撃で本能寺を囲まれる

不審な気配と物音に気づき、織田信長は自らの顔を清めていた手の動きをはたと止める。天正十年六月二日[※1]、午前四時。この日、京都の本能寺に投宿していた信長は、毛利討伐の援軍として中国地方へ向かう明智光秀の軍勢を閲兵し、激励して士気を高めるために日の出前から起床していたのかもしれない。

当初、寺の外で感じたこの喧噪を、下々の者たちによる諍《いさか》いくらいに考えていた。が、いつになく、戦地をくぐり抜けてきた武将の勘と、苛烈な戦いでつねに武運を味方

※1　西暦1582年6月21日

にしてきた英知が知らせる。今まさに、ただならぬことが起きようとしている、と。

そばに控えた小姓《こしょう》※2の森蘭丸に物見※3へ行かせた直後だ。

一気に鬨《とき》の声が本能寺を囲むようにして上がり、ほぼ同時、御殿に無数の鉄砲が撃ちこまれてきた。

「謀反か、していかなる者の企てじゃ?」

信長が外の様子を見てきた蘭丸に訊ねると、

「み、光秀でござりまする。桔梗《ききょう》の紋の軍勢に完全に包囲されておりまする」

青ざめた顔をして震える声で答えた。

寸時、はっとしたように信長は面持ちを強張らせながらも、

「是非に及ばず」

とだけ、短くも淡々と言い切った。

信長側の従者は百人足らず。対して光秀軍は一万三千。兵力の差は明らかだった。

「致し方なかろう、やむを得ぬ」という意の「是非に及ばず」だが、解釈には諸説ある。

ひとつは、諦めに近い気持ちを吐露したというもの。光秀の蜂起に至るまで、領地没収や毛利攻めを命じるなど、すでに確執は深かった。多くの武将たちの面前で数々の屈辱を

※2　武将の身辺に仕えて、取次や警備、雑務などを行う役職
※3　戦地で敵を偵察したり警戒したりすること

与えてきたことは、信長自身もよくわかっていた。光秀は賢者の武将だ。周到な用意のうえ、謀反を企てたに違いなく、ここにきて勝機はあるまいと、潔く腹を括ったといわれている。

もうひとつは逆の解釈だ。「こうなったらじたばたせず、さっさと戦闘態勢に入れ」と、戦国最強の武将らしく、迎撃に転じてこの場を乗り切ろうとしていたともいわれる。

死して謎を残し続けた戦国覇王の最期

いずれにせよ信長は、窮地で自暴自棄になることも動揺することもなかった。

自ら弓矢を持ち、次に槍を取って、迫りくる光秀軍を相手に猛然と戦い続けた。

だがやがて、その奮戦も虚しく、圧倒的な兵力に押されるかたちで敵の槍に刺されると、寺の殿中の奥へと退き、小姓に火を放たせて焔《ほむら》のなかにその姿を消した。

夢だった天下統一の達成を目前にして、かつては家臣として信頼、重用していた光秀から武力で押し切られ、戦国覇王の信長はあっけなくこの世を去った。

光秀が本能寺の討ち入りを終えたのは午前八時。大軍で信長の遺体を徹底捜索したが、骨の一片も見つからなかった。これにより信長生存説※4は変のあとも世に生き続けたのだ。

※4　流説では、本能寺に地下通路があり、そこから信長が脱出。薩摩まで逃げたという

散り際に見る戦国最強武将の美学

諦めるでも退くでもなく、最後まで戦い抜いて己の生き方をまっとうする。裏切り者の家臣に恨み言を吐くこともなく我が人生の終わりまで見事に自分を貫き通す覚悟に倣《なら》いたい。

幕末維新

残忍で不可解な日本史最高峰の英雄の死

坂本龍馬《さかもとりょうま》

死に方

暗殺

享年32
(1836年〜1867年)

PROFILE

貿易会社と政治組織を兼ねた亀山社中(のちの海援隊)を結成。また、薩摩と長州の仲を取り持って倒幕の流れを作った。大政奉還の1カ月後に暗殺。

疾風怒濤の幕末を生きた新時代の立役者

「日本を今一度　洗濯いたし申候」

元凶の大本は幕府にあるとし、今一度、本来の日本を取り戻したいと覚悟を決め、そう言葉にした坂本龍馬。江戸幕府を倒すきっかけを作り、新しい日本のために疾風怒濤の時代を生きた志士は、乱世の逆境に幾度と追い詰められながらも、挫けることなく立ち上がって行動し続け、ついには有言実行を果たした。

しかしその最期はあまりにあっけなく、多くの謎を残したまま語り継がれている。

刺客に頭を割られて凄絶な死を迎える

慶応三年十一月十五日[※1]。朝から雨が降りしきり、いつになく寒い一日だったその夜。

京都は河原町にある近江屋[※2]の二階で、龍馬は同郷・土佐の中岡慎太郎《なかおかしんたろう》、岡本健三郎《おかもとけんざぶろう》と火鉢を囲んで話しこんでいた。

「軍鶏鍋《しゃもなべ》が食いたいなぁ」

突然、空腹を覚えた龍馬が言い出し、近所の書店の倅《せがれ》の峰吉が肉を買いに行くことになった。そのタイミングで用事があった岡本もその場を辞去する。

二人の武士が近江屋に龍馬を訪ねてきたのは直後のこと。階下で取り次いだ龍馬の家来であり用心棒の藤吉が彼らを案内するため、階段を上りかけたその時だった。

「ズジャッ！」と、藤吉は背後から斬りつけられ、派手な音を立てて転倒する。

ところが龍馬は、下で峰吉と藤吉がじゃれ合っていると勘違いし、

「おいおい、騒ぐなよ」と窘《たしな》めるだけで、身に迫ろうとする危険に気づくことはなかった。

その直後――二人の武士が足早に階段を駆け上がり、龍馬と中岡のいる部屋に押し入っ

※1　西暦1867年12月10日

※2　京都・河原町通にある醤油屋。土佐藩の御用達で龍馬らの滞在先となっていた

てきた。鞘から抜かれた刀で龍馬は顔面を一刀両断。ざっくりと額を割られ、重傷を負う。

それでも必死で応戦するため、背後の床の間に置かれた刀に手を伸ばそうとしたところ、今度は背中を袈裟斬りされてしまう。さらに賊の刀がまたも頭部を斬りつけ、これが致命傷となって龍馬は息絶え絶えとなり、その場に崩れた。一方の中岡も短刀で懸命に抵抗を試みたが、やはり敵の太刀筋に敵うことなく、後頭部に重傷を負ってしまった。

二人の刺客は龍馬と中岡が力尽きて動かなくなるのを見届けると、無言で立ち去った。

わずか数瞬の出来事だった。やがて辛うじて意識を取り戻した龍馬は、血まみれで倒れている中岡※3を気遣いながら、階下の者に「医者を呼んでくれ！」と助けを求めた。

そうして駆けつけた者に向かって、

「ワシは脳をやられた。もういかん――」

自らの頭部から血と一緒に脳髄《のうずい》があふれ出ている危険な状態を察して言い放ち、間もなく絶命した。奇しくもこの日は龍馬、三十三歳の誕生日。

土佐藩説、薩摩藩説、紀州藩説、幕府説と、犯行の黒幕については諸説あるが、実行犯は特定されないまま捕まることはなく、誰よりも心から望んだ新時代の幕開けに、龍馬は立ち会うことができなかった。

※3　中岡は後頭部だけでなく、両手、両脚など28カ所を斬りつけられた。容態を持ち直すも、出血多量で死亡

日本を変えるために生き あっけなく絶命する末路

幕末志士として、政治と世の中を変えていこうと疾風怒濤の活躍をしながらも、ふとした油断で若くして命を落としてしまう。もう少し警戒していれば長生きできたのでは。

鎌倉時代

尽くした兄に追われて家族と自害！

源《みなもとの》 義《よし》 経《つね》

死に方

自刃

享年31
(1159年〜1189年)

PROFILE

鎌倉幕府初代将軍・源頼朝の弟。壇ノ浦の戦いで平氏を滅ぼすが、のちに頼朝勢に追われる。弱い立場に肩入れする「判官贔屓」の判官は義経が由来。

優れた軍才を発揮した戦国の英雄が一転

「義経様、奥州藤原氏[※1]がついておりますゆえ、どうかご安心ください」

「うむ、なんとも心強い言葉よの」

文治五年四月[※2]。ついに源義経は兄の頼朝から追われ、命を狙われる身となっていた。

「それにしても一体なぜ、このようなことになってしまったのか――」

奥州藤原氏の居館《きょかん》がある衣川《ころもがわ》に逃げて身を寄せながら、みるみる悲劇の一途を辿ってきた自らの運命を義経は静かに呪うのだった。

※1　東北地方中部の陸奥平泉を中心に一大勢力を誇った豪族。平泉は金や良馬を産出しており、平安京に次ぐ大都市だった

※2　西暦1189年

義経の幼名は牛若丸。元服してから源義経と名乗った。

平安時代末期の武将として、頼朝を鎌倉幕府の初代征夷大将軍にするため尽力し、戦に次ぐ戦で優れた軍才を遺憾なく発揮し、死にもの狂いで戦い続けた。

※3寿永《じゅえい》三年（元暦元年）一月、京都を占拠し、後白河《ごしらかわ》法皇を幽閉する木曾《きそ》義仲《よしなか》を、一陣の風の如くに一蹴して宇治川の戦いで敗走させた。

翌二月、一ノ谷の戦いでは精兵七十騎を率い、鵯越《ひよどりごえ》の峻険《しゅんけん》な崖から逆落としを仕掛けて平氏本陣を奇襲し大勝利を収めた。

※4元暦《げんりゃく》二年二月、暴風雨をものともせず少数の船で出撃して、讃岐国の瀬戸内海沿いにある平氏の拠点である屋島を奇襲、大軍に見せかける作戦で平氏を敗走させた。

翌三月には新たに水軍を編成して彦島へと向かい、壇ノ浦《だんのうら》の戦いで勝利して、ついに平氏を滅ぼした。すべては兄の頼朝に認められたいがために勝ち抜いた修羅場だった。

ところが、平氏の軍を殲滅して京都に凱旋してからというもの、にわかに雲行きが怪しくなっていった。頼朝の許可を得ることなく官位を受けたこと、さらには平氏の捕虜だった平時忠《たいらのときただ》の娘・蕨姫《わらびひめ》を独断でめとったことをきつく咎められてしまった。

義経は弁明に向かうが、鎌倉に入ることさえ許されず、事態は悪化していった。

※3　西暦1184年

※4　西暦1185年

妻・娘の血にまみれた刃で自害

そうして栄光の頂点から一転、全国に義経捕縛の命が伝わるに至ったため、正室と我が子を伴って奥州に匿われていた。だが、危険はすぐそこまで忍び寄っていたのだ。

「義経様、一大事でございまする」

「いかがした?」

「頼朝の圧力に耐えかねた泰衡《やすひら》※5が、五百騎もの兵を引き連れて急襲してきました」

「な、なに?」

「もうすでに泰衡の軍勢に囲まれつつあります」

その瞬間、義経は瞼《まぶた》を深く閉じ、微動だにせず、やがてなにかを悟ったように、すっくと立ち上がった。と、おもむろに刀を手にすると、そばにいた正室を、続いて娘を一刀両断に斬り、さらには家族の血にまみれた刃を自らに向けて自害した。

戦の天才ともいわれた武将・義経は、最後には戦うことすら放棄し、命を懸けて尽くした兄の頼朝に追い詰められ、三十一年の短い生涯を終えたのである。

※5　奥州藤原氏第4代当主。義経を匿った第3代当主・秀衡の次男

軍才を発揮した英雄でも兄の心は読み取れなかった

幼名は牛若丸といわれ、武将になってからも数々の功績を残して、宿敵平家を打ち破った武勇者。兄のために戦ったはずが、空気を読めずに絶命する報われない人生だった。

室町時代

卓越した実力が招いた想定外の不幸

太《おお》田《た》道《どう》灌《かん》

死に方

暗殺

享年55
(1432年～1486年)

PROFILE

武蔵守護代・扇谷上杉家の家宰。足軽戦法を編み出した先駆者で、数々の戦で連勝した。築城の名手でもあり、江戸城を作った人物としても知られる。

才気走ると評されるほど優秀だった少年時代

「よいか、この書には地位や富や名声を笠に着て、威張り散らすような驕《おご》る者は、遠からず没落するという意味があるのだ。よく覚えておきなさい」

そう言いながら父の資清《すけきよ》は、床の間に飾られた『驕者不久』という掛け軸を指差し、諭すように息子へ言葉を掛けた。

※1永享《えいきょう》四年、※2相模国に生まれた太田道灌は、幼少から利発な子で、あまりに才気走る部分が目につくため、少年時代にはこのように父から訓戒されることが度々あった。すると

※1　西暦1432年
※2　現在の神奈川県

道灌はじっと掛け軸に見入っていた目を父へと動かし、にんまりと満面の笑みを浮かべるのだった。

「では父上、その掛け軸に、二文字を書き加えさせてくだされ」

我が子がなにを言い出すのか、真意は図れなかったものの資清が肯いて許可するや、道灌は筆を取り、

『不驕者又不久』――驕らざる者もまた久しからず、と書き足した。

たちまち激昂した資清が扇子で頭を叩こうとすると、道灌は素早い身のこなしで居間を飛び出し逃げていった。幼少からずば抜けた才知を備え、神童と呼ばれるほど頭の回転が速かった道灌には、このようなエピソードがいくつもある。

味方に陥れられた末路で口にした言葉

※3 康正《こうしょう》元年、道灌が二十四歳の時、父から家督を譲られる。

太田家は扇谷上杉家《おうぎがやつうえすぎけ》の家宰《かさい》であった。道灌は父同様に文武に優れた武将として育ち、有能な家臣として、そして武将としても学者としても多くの功績を挙げていった。

※3　西暦1455年

居館を江戸に移した康正二年、[※4]道灌は防衛力を飛躍的に向上させた江戸城をわずか一年で改築、完成させる。やがて道灌の名は京の都にまで知れ渡り、三十四歳で上洛する。

さらには古河公方成氏《こがくぼうしげうじ》と山内・扇谷の両上杉家との間で三十年近くに及んだ享徳《きょうとく》の乱を、道灌はほぼ一人の力で平定し、絶大なる声望と信頼が寄せられるようになる。

そうしたほかの武将を遥かに凌ぐ、卓越した実力があだとなったのだ。

道灌は敵のみならず主君の上杉家からも恐れられるようになる。

[※5]文明《ぶんめい》十八年七月。道灌は招かれた扇谷上杉家の別館にて促されるまま、風呂に浸かった。

「ああ、いい湯よのう」と、極楽気分で入浴から上がった直後のことだ。

「覚悟せい、太田の！」

刺客が湯殿に押し入ってきて、道灌は一太刀のもとに斬り捨てられる。

[※6]「当方滅亡《とうほうめつぼう》」——家宰の己を斬る主家など、すぐに滅亡するのは目に見えている。

それは道灌が息を引き取る前に、叫び遺した最期の言葉だ。享年五十五だった。

肺腑《はいふ》を抉《えぐ》るがごとき道灌の予見めいたその一節は見事に的中する。

当代随一の家臣である道灌を失った扇谷上杉氏は、山内上杉氏との不和が表面化したあげくに対立抗争が勃発し、やがて両上杉家とも廃《すた》れてしまうのであった。

※4　西暦1456年

※5　西暦1486年

※6　自分が死んだら扇谷上杉氏に未来はないという意味

神童と呼ばれるほど才気あふれるがゆえの不幸

子どもの頃から頭脳明晰で、何をやっても成功する優秀ぶりが逆にあだとなる場合もある。存在を妬まれ疎まれ憎まれ、最後には味方から命を奪われる悲運は自分で読めなかったのか?

織豊時代

天下人の家康を震え上がらせた武勇者

真田信繁《さなだのぶしげ》（幸村《ゆきむら》）

死に方

討ち死に

享年49
（1567年～1615年）

PROFILE

信州の小領主・真田昌幸の次男。関ケ原の戦いや大坂の陣で活躍。徳川家康に死を覚悟させるほど奮戦したことで、「日本一の兵（つわもの）」とも呼ばれる。

胸に秘めるのは名武将の父が遺した言葉

「関ケ原の戦で天下を取った徳川家康と、名ばかりの大将となった豊臣秀頼は袂《たもと》を分かつ。いずれ秀頼はワシを総指揮官に据え、その下知に従うであろう。しかしながら――」

病に伏した死に際で、真田昌幸《さなだまさゆき》は枕元に座する息子の信繁にそう言って続けた。

「お前では、それは叶うまい」

「な、なぜでございますか？　お父上！」

父に負けじと軍才も度胸も自負するところがある信繁が訊ねると、

「妙案はいくらでもある。大切なのはそれを行う人物の信用が作戦の成否を決めるのじゃ」

厳かな声で説くように返された。「よく覚えておけ、我が息子よ」と。

居城から追放され、※1蟄居《ちっきょ》の身となってしまった信繁はぐっと喉を詰まらせる。

直後、昌幸は息絶えた。戦国時代末期、彗星の如く登場し、破竹の勢いであった徳川家康を敵に回しながら二度も勝利を収めた稀代の名武将・真田昌幸の最期だった。

遺言にも等しい最後の言葉は、信繁の心に深く刺さった。

真田家の名を知らしめた武勇と漢気

それから三年。蟄居から脱出した信繁は、秀頼が待つ大坂城へ迎え入れられる。

父・昌幸が予言した通り、家康と秀頼は戦をすることになった。しかし、軍議で信繁が提案した進撃作戦は一蹴され、大坂城での籠城戦が決議される。※2徳川方が信繁の叔父にあたる信尹《のぶただ》を使者に立てて、翻意を誘ってきたのは合戦前のこと。

信繁はなびくことがなかった。そればかりか叔父に対して静かに言い放った。

「目先の利益より、己の理想に準ずる道を選択したいのです」

※1　指定された場所に幽閉されること

※2　徳川方が信尹を通じて信繁（幸村）に甘言を送ったという逸話は諸説ある

父がまっとうした、漢《おとこ》として武士としての生き方を、信繁も目指したのだ。

寒さ強まる十一月。大坂冬の陣が開戦する。徳川軍は大坂城に集中攻撃を浴びせるも、信繁の鉄壁の守りは敵を寄せつけず、そればかりか徳川軍に大打撃を与える。

その後、いったんは両軍の間で和議が結ばれたが、じつは家康の巧妙な作戦だった。城の守りが手薄になった翌年春、ふたたび家康は打って出る。大坂夏の陣がはじまった。

家康軍の兵力は十五万。対して秀頼軍はわずか五万だった。

それでも信繁は諦めることなく、城を飛び出して勇猛に野戦を展開した。

「目指すは家康の首のみ！」。信繁は高らかに吠えながら、自ら精鋭部隊の先頭となって家康本陣への突撃を敢行した。そうして三度にわたって、逃げ惑う家康に死の恐怖を味わわせるほど肉迫したが、圧倒的な兵力差を覆せぬまま、精鋭部隊は力尽きてしまう。

もはや満身創痍の信繁は、天王寺の安居《やすい》神社に独り佇んでいた。

そこへ迫りくる猛々しい足音。目を上げて見やると無数の敵兵の姿があった。

ふと信繁は笑った。そして覚悟する――もはやこれまでか。

「我こそは真田信繁である。さあ、この俺を斬って手柄とされよ！」

慶長二十年五月。[※3] 戦国時代屈指の智将として名を馳せた信繁の最期だった。

※3　西暦1615年

父の遺志を継いで
最後まで勇猛に戦った武将

義に生きた父の姿を見倣って、たとえ劣勢の軍につこうとも、最後まで諦めることなく真っ向から戦い抜いた。その漢気と勇気は戦国武将の鑑であり、多くの人心を摑んだ。

幕末維新

維新政府を樹立した英雄の哀しき末路

西《さい》郷《ごう》隆《たか》盛《もり》

死に方

自刃

享年50
(1828年～1877年)

PROFILE

薩長同盟を結び江戸城無血開城を果たすなど、数々の歴史的偉業を成し遂げた。大久保利通、木戸孝允(桂小五郎)と並び「維新の三傑」と評される。

贅沢とは無縁で命を懸けて国のために尽力

「命もいらず、名もいらず、官位も金もいらぬ人は、始末に困るものなり。この始末に困る人ならでは、艱難《かんなん》をともにして国家の大業は成し得られぬなり」

薩摩藩士の西郷隆盛はこのように語った。

社会的な、世俗的な欲望のない人はいないが、この世の名利に動かされない人がいたら、国政を任せても安心であろう。名誉欲も金銭欲もなければ、何にも動かされず、国家のため、人のためという自分の信念によって行動するだけだ、と訴えて、新しい日本の在り方を見据え続けた。

倒幕と維新に尽力し、木戸孝允や大久保利通とともに、『維新の三傑』として幕末に活躍した西郷。その無私無欲な人間性は有名で、時代の変わり目において官僚たちが利権に走るなか、ただ一人、言葉通りに贅沢とは無縁な生活を貫き通し、命を懸けて国のために尽くしたのだった。

最後は政府に楯突く賊軍の将として自害

しかし西郷は、維新後のさまざまなひずみのなかで不満を抱くようになった薩摩藩の士族に推されて西南戦争[※1]を起こしてしまう。征韓論《せいかんろん》をめぐる対立から政府の要職を辞めて下野した頃から、すでに己の命運の行く末を自覚していたと思われる。

そうして迎えた明治十年[※2]九月二十四日、午前四時。

西郷率いる軍は政府軍に圧されていき、占拠した城山を完全包囲されてしまう。

「全軍、突撃！」

勢いづく政府軍の怒号がこだまする。続々と山野を進む兵士の足音が近づいてくる。

※1　明治政府と旧薩摩藩士を中心にした士族との内戦
※2　西暦1877年

「パンッパンッパンッパンッパンッ！」

進軍する政府軍の銃が無慈悲に連射され、薩摩軍は次々と被弾して倒れていった。目の前で繰り広げられるむごたらしい情景。この時、すでに西郷は敗北を確信し、切腹する場所を探して彷徨っていた。が、そうしている間にも、政府軍はみるみる迫ってくる。

「――晋どん、もうここらでよか」

おもむろに足を止めた隆盛は、ともに行動していた部下の別府晋介《べっぷしんすけ》にぽつりと告げた。晋介はそのひと言で悟った。そうして歯を食いしばり、手にしていた刀を振りかざす。地面に座りこんだ西郷は、もう声を発することもなく、ただ穏やかにこうべを垂れた。

「ごめんなったもんし！」

直後、ズバッという、西郷の太い首を切り落とす重い音があたりにこだました。

明治維新の立役者だった西郷は、政府に楯突く賊軍の将として四十九歳で生涯の幕を閉じたのだった。

のち、[※3]黒田清隆《くろだきよたか》の努力や明治天皇の直々の働きかけもあり、死後の明治二十二年[※4]に大赦となり、正三位を追贈された。その九年後の明治三十一年、近代日本に貢献した偉業を称えて、上野公園に西郷隆盛の像が建立されたのである。

※3　薩摩藩出身の陸軍軍人、政治家
※4　西暦1889年

私利私欲には目もくれず国に命を捧げた生き様

我が身がどうなろうとも、正しいと信じることをまっとうし、国を良くすることだけ考え続けた。自分よりも世の中のため、という潔い生き方は現代でも多く学ぶべき部分がある。

コラム 其の一

徳川家康の死因は食中毒だった!?

天ぷらを食べた直後に悶絶死!

戦国の世を最終的に制した徳川家康。江戸に幕府を開いたあと、家康は将軍職を息子の秀忠に譲り、駿府の城に隠居していた。そんなある日、家康はいつものように大好きな鷹狩りに出かけたのち、鯛の天ぷらを食べた。ところがその晩から腹痛を起こし倒れてしまう。そして、回復しないまま3カ月後に死亡してしまったのだ。天下を取り数々の偉業を成し遂げた家康だが、最後は鯛に命を取られてしまうという意外すぎる幕切れとなった。とはいえ、この説だと死亡するまで時間がかかりすぎているため、じつは胃がんだったのではと考えられている。歴史書によると、晩年の家康は吐血や黒色便の症状が見られ、見る見るうちに痩せ細ったという記述があるからだ。

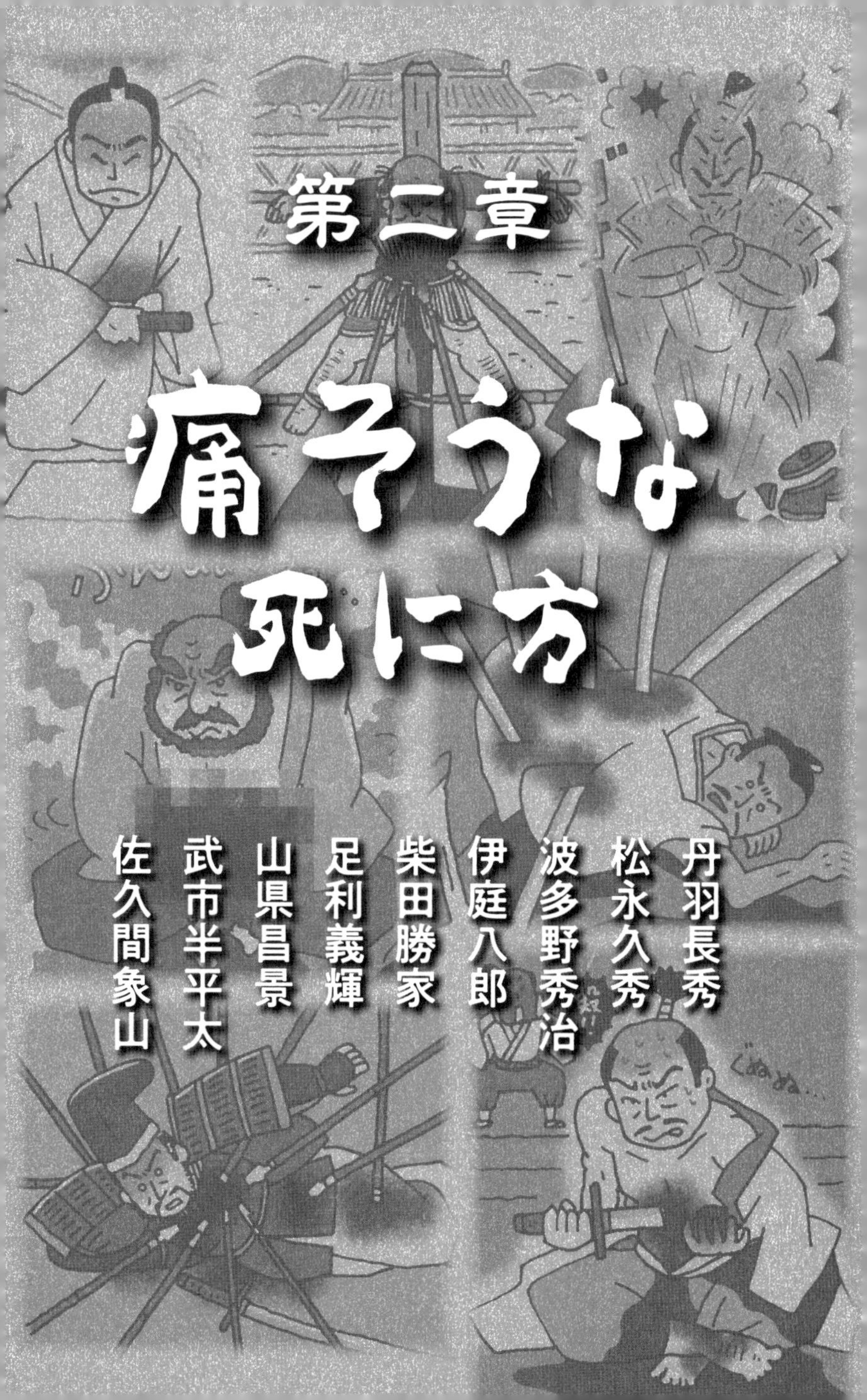

第二章

痛そうな死に方

丹羽長秀
松永久秀
波多野秀治
伊庭八郎
柴田勝家
足利義輝
山県昌景
武市半平太
佐久間象山

織豊時代

死の間際まで秀吉に怒りをぶちまけた

丹《に》羽《わ》長《なが》秀《ひで》

死に方

切腹

享年51
(1535年～1585年)

PROFILE

織田信長の家臣。政治面や築城能力にも優れ、安土城の築城を担当した。信長は丹羽を必要不可欠な存在として「米五郎左」と呼んだ。

信長の家臣軍団で最高峰の優秀な家臣

「おい、長秀はおるか？　長秀を呼んでくれ！」

織田信長が小姓にそう命じると、ややあって、

「御屋形様、お呼びでござりまするか？」

落ち着き払った佇まいで丹羽長秀が現れる。

「おお、長秀！　そちに相談があるんじゃ。近う寄れ、近う」

戦国時代随一の猛将で、魔王の異名で呼ばれ恐れられた信長が破顔《はがん》※1する。なにかにつけ

※1　顔をほころばせること。微笑むこと

頼り切っていたのが織田家宿老の長秀だ。

並み居る有能な信長の家臣軍団のなかでも特別扱いされ、重要な戦や案件、事業は必ず長秀の意見を聞いて話し合った。

仕事はもちろん、性格的にも好人物だった長秀は家臣からも信頼を集め、信長率いる大所帯を取りまとめる大切なポジションを務めていた。

なかでも長秀がもっとも心を砕いたのは安土城の築城だ。

天正四年、信長は長秀を安土城の※2総普請奉行《そうぶしんぶぎょう》に任命する。

琵琶湖畔の安土城建設は、信長が天下人となるための象徴として、織田政権が総力を挙げ、当代きっての芸術家と建築家と技術者を総動員して行った大工事といわれている。

前例のない大規模な天然の要塞であったため、建設にあたってはさまざまな困難が山積したものの、長秀は信長が望んだ三年よりも短い工期で城を見事完成させた。

「木綿藤吉、米五郎左、かかれ柴田に、退き佐久間」

その多大な功績から、織田家中ではこのような風評が広まるようになる。

木綿（羽柴秀吉）は地味ながらも重宝するのに対し、米五郎左（長秀）はとても器用でどんな任務も完璧にこなして、米のように毎日の生活に必要な存在だという意味だった。

※2　土木・建築を担当する武家の役職

自らの腹を斬って内臓から出た異物を……

「ぐうぅぬううう、秀吉めが――」

行政能力、築城能力、人心掌握術に長け、万能な才知を発揮した温厚な長秀を、そのように憤激させたのは羽柴秀吉（豊臣秀吉）の存在だ。

信長亡きあとも、表面的には良好な関係を保った長秀と秀吉であったが、抜きんでた政治力で天下人となろうとする秀吉に格差をつけられるようになり、織田家への忠義心も手伝って内心では心を痛めていた。そうしたストレスからいつしか胃痛を抱え、さらには堪えきれないほどの激痛に苦しむほど容態が悪化していく。

天正十三年四月。あまりの痛みに耐えきれず、長秀は自らの刀で腹を斬り裂き、腸を引きずり出すと、血にまみれた拳大の異物を発見する。

「――こ、これは？」。瀕死の状態で長秀は異物を凝視する。それはくちばしが尖って曲がった奇怪な積虫《せきちゅう》※3で、長秀は死ぬ間際に秀吉へ送りつけるよう家臣に託し、直後に果てた。

厚い信頼を受け、誠心誠意に奉公し続けた信長が本能寺の変に倒れた三年後のことだった。

※3　肉腫とも胃がんだったともいわれる

主君・信長あっての優秀な重臣が迎えた末路

信長から全幅の信頼を寄せられ、軍事から政治まであらゆる仕事を完璧にこなしながらも、主君亡きあとはライバルの秀吉によって憂き目に遭う。これもまた器の違いなのだろう。

織豊時代

信長に逆らい日本で最初に爆死した男

松《まつ》永《なが》久《ひさ》秀《ひで》

死に方

爆死

享年68
（1510年～1577年）

PROFILE

将軍・足利義輝の暗殺や織田信長に対する二度の裏切りなど、悪行のかぎりを尽くした戦国武将。茶器集めや連歌を趣味とした教養人としての一面もあった。

戦国時代きっての梟雄同士の奇妙な絆

「ワシは日ノ本一の正直者ゆえ、義理や人情という嘘はつきませぬわ。弱いから裏切られる。ただそれだけでござる。裏切られたくなければ、つねに強くあればよろしいだけじゃ」

天下人・信長を裏切っておきながら、ぬけぬけと松永久秀はそう言い切った。

まわりに控える織田家の重臣たちは肝を潰す思いで、大将の信長と久秀のやりとりを見つめていた。今にも憤激《ふんげき》に任せて、信長が刀を抜くのは必至の展開だったからだ。

ところが、だ。

「ふっ。おもしろいことを言うのう。よし、今回ばかりはおぬしの裏切りを許そう」

※1元亀《げんき》三年。久秀による一度目の謀反の事後。信長はあっさりと狡猾な老将を許した。

それだけで信長の久秀に対する特別な態度が思い知れるが、後日、久秀が徳川家康と初めて会った時、信長が次のように紹介したことで、二人の関係性はさらに明らかとなる。

「家康殿、この老人は普通の人間ならまずできぬ信じ難い悪事を三つもしてのけたのじゃ」

信長が指す悪事とは、主君の三好家に反旗を翻したこと、将軍である足利義輝《あしかがよしてる》を殺害したこと、東大寺大仏殿を焼き払ったことだ。

信長もまた主君から実権を奪い、将軍の義昭《よしあき》を追放し、比叡山焼き討ちを果たしていた。情け知らずの残忍で無慈悲な※2『梟雄《きょうゆう》』という括りでは、まさに二人の武将は同類であり、信長は久秀に対して、言葉にせずとも己と同じ血を感じていた。

また久秀は信長と同様に名物茶道具の収集家として有名で、初対面の時には秘蔵の『九十九髪《つくも》茄子《なすび》の茶入』を贈答している。一度目の謀反を許された際にも、岐阜城を訪れて、数々の名物茶道具を献上し、信長を大いに喜ばせた。

久秀にとっても、はるかに年下の信長はどこか憎み切れない、自分と同類の梟雄だと意識する部分があり、趣味や心が通じ合うことをわかっていた。

※1　西暦1572年

※2　残忍で勇猛な人物

天下の名器と共に散った謀反人生の最期

しかし一度目の謀反から五年後。打倒信長を掲げ、上杉軍が京都へ向けて進軍を開始すると、久秀はあっさりと二度目の謀反に打って出る。これが早計に失した。上杉軍は織田軍を手取川《てどりがわ》で撃破したあと、越後へと引き返してしまったのだ。信貴山城《しぎさんじょう》に立てこもって態勢を立て直そうとするが、圧倒的な信長の兵力に敵うわけもなく、八方塞がりに陥る久秀。織田家家臣を驚かせたのは、信長がここでも久秀に寛容な態度で応じたからだ。

「ワシが喉から手が出るほど求める、天下の名物茶器『古天明平蜘蛛《こてんみょうひらぐも》の釜』さえ差し出せば、命だけは助けてやろう。そのように言い伝えてまいれ」

嫡男の信忠にそう告げて、なおも久秀を助命しようとする信長。

だが、今度ばかりは久秀は従わず、固辞する。間もなく織田軍の総攻撃がはじまった。なにを思ったか久秀は天守へ登り、まるで信長に見せつけるように平蜘蛛の釜を叩き割る[※3]と、爆薬に点火して凄絶な爆死[※4]を遂げた。死する寸前、久秀は喚き叫んだ。

「この平蜘蛛の釜と俺の首の二つは、やわか信長に見させるものかっ！」と。

※3　釜に火薬を詰めて爆死したともいう

※4　爆死は後代の創作で、久秀の死因は焼死、もしくは切腹が正しいとされる

悪であっても憎めない稀有なキャラの魅力

下剋上の走りで、二度も信長を裏切って許されてしまう人徳は、悪者ながらも隠れた魅力があったといわれる。戦国の乱世を自害する68歳まで生き抜いた逞《たくま》しさもまた偉業。

織豊時代

波多野秀治《はたのひではる》

辞世の句に無念を綴《つづ》って磔《はりつけ》の刑に

死に方

磔刑

享年39?
(1541年?〜1579年)

PROFILE

波多野家は藤原氏の流れをくむ一族。三好長慶、松永久秀に八上城を追われるも奪還。織田信長に服属するも、謀反を起こしたことで磔刑に処された。

一度は信長に服属しながらも腹の中では

戦国の世を織田信長が力で統制していくなか、後年は多くの謀反を起こされる。反・信長派となって命を落としていった武将の数は計り知れない。

※1丹波国《たんばのくに》の波多野秀治もまたその一人として名を刻まれ、しかも怨恨の因縁は数奇な運命によって引き継がれ、信長自身を死に追いやったという一説が残る。

※2永禄《えいろく》十一年、信長が足利義昭を奉じて上洛した。

秀治をはじめとする多くの丹波国人《こくじん》衆は信長に臣従し、本領安堵を受けた。

※1　現在の兵庫県

※2　西暦1568年

ところが義昭と信長の関係が悪化しはじめると、丹波の国人は将軍側につき、秀治と並ぶ勢力を誇った赤井直正《あかいなおまさ》は積極的に反・信長派として活動する。

これに激怒した信長は、天正三年[※3]、明智光秀に赤井氏征伐と丹波の制圧を命じた。

すべてはここに端を発する。

連鎖する怨恨がやがて時代を変えていく

秀治は明智軍に味方する武将として、黒井城に拠る赤井直正を包囲していたが、突如として謀反を起こして明智軍に三方から攻めかかった。

「うおおおぉぉぉう！　かかれー。織田の者どもを皆殺しにするのじゃ！」

「ぐわあああぁぁぁ！　秀治の軍が裏切ったぞー、ただちに退却しろー」

圧倒的優勢だった戦況は一瞬で大混乱を極めて覆り、光秀は命からがら退却を余儀なくされたのである。その後、信長に反旗を翻した秀治は、居城である八上城《やかみじょう》に立て籠もった。

信長はふたたび光秀を派兵し、裏切り者の秀治の討伐を厳しく命じた。

強固な八上城に籠もった秀治勢は一年以上にわたって抵抗を続けたが、二度もの失敗は

※3　西暦1575年

絶対に許されない光秀の頑強な包囲網によって食糧の補給を絶たれ、飢餓に追い詰められていく。そうして天正七年六月[※4]、ついに秀治は開城して降伏した。

この降伏には、じつは光秀との裏取引があったのではという説がある。

飢餓に陥りながらもなかなか屈しないことに焦れた光秀が、助命を条件に秀治を説き伏せて降伏を迫り、その証として自らの母親を人質として八上城に入れたというのだ。

つまり光秀もまた信長からの圧力を受け、ぎりぎりの立場に置かれていたことになる。

しかし、信長は光秀の進言を聞き入れることなく、秀治の謀反を許そうとしなかった。

「度重なる裏切り、貴様は侍の本分を知らず」

そう言い捨て、安土の浄厳院《じょうごんいん》で秀治を磔の刑に処した。享年五十一。

当然、これを知った八上城方では光秀の母親を違約の見せしめとして惨殺した[※5]。

光秀は容赦ない信長の残忍さに慄くと同時に、激しい恨みを心に残すこととなる。

周知の通り、光秀が本能寺の変を起こして、信長を裏切って殺すのはそれからちょうど三年後、天正十年六月[※6]だ。

秀治の辞世の句は『弱りける　心の闇に　迷はねば　いで物見せん　後の世にこそ』。

〝俺は成仏などせず、のちに必ずや化けて出て復讐してやる〟という意味だった。

※4　西暦1579年

※5　光秀母の件は創作とされる

※6　西暦1582年

信長と光秀の間に挟まれ悲壮な怨念を世に遺す

はじめは織田軍勢だったが、謀反を起こして光秀軍を窮地に追い込む。最後には光秀まで巻き込んで、信長への激しい呪いを託すように死んでいった。因果応報はその後も続いた。

幕末維新

幕府に命を捧げて戦った隻腕《せきわん》の勇者

伊庭八郎《いばはちろう》

死に方

服毒死

享年26
(1844年～1869年)

PROFILE

幕末江戸四大道場のひとつ「練武館」の長男として生まれ、剣術の腕を磨く。旧幕府軍として奮闘し、片腕を切断されるも腕一本で戦い抜いた。

〝伊庭の麒麟児〟と異名をとる名剣士

「何度も何度も態度を変えて、怯えやがって。十二万石の大藩のくせして、まともな男は一人もいねえのかよっ！」

伊庭八郎は啖呵《たんか》を切りながら小田原城を出ていく。明治に改元される慶応四年※1のことだ。時代の狭間、新政府軍か旧幕府軍かで、小田原藩は時流に乗ろうと煮え切らない態度をとって右往左往するばかりだった。

八郎は新政府軍の江戸到着を遅らせようと、通行路である箱根を制圧すべく、管轄する

※1　西暦1868年

小田原藩に外交的努力を試みたが、日和見主義の小田原藩は首を縦に振らなかった。

伊庭八郎は江戸四大道場・練武館の師範の血を引く剣術の名門の出だ。

伊庭家は徳川御家人であったため、八郎は江戸幕府に大御番士として登用され、遊撃隊《ゆうげきたい》として最期まで徳川のため新政府軍に対抗して戦っていた。

〝伊庭の麒麟児《きりんじ》〟※2と異名をとる名剣士として活躍し、色白の美男でありながら、豪胆な勇猛ぶりで幕末の時代を駆け抜けようとしていた。

だがこの直後から、八郎は凄絶な戦闘に巻きこまれていく。

自ら手首を斬り落として敵を殺す

同年五月、仲間である彰義隊《しょうぎたい》が上野戦争をはじめると、これに呼応して戊辰箱根戦争が勃発した。八郎ら遊撃隊《ゆうげきたい》は敵対することになった小田原藩と箱根山崎で激突する。

この戦闘の最中、八郎が足に被弾した直後だ。

「ドッ！」。いきなり背後から刀を振り下ろされ、左手首を皮一枚残して斬られる。

それでも八郎は臆することも激痛に屈することもなかった。

※2　将来が期待される少年

「くそったれが！　なんのこれしきっ！」

と、逆に相手の喉元に刀を一突きして絶命させる。直後には自らの手首を一刀で切断し、

「こんなの痛かねえやい！」

豪気にそう吐き、重傷を負いながらも官軍を七、八人続けざまに斬り殺していった。

以降、旧幕府軍の残党が戦場を北海道の箱館に移して最後の抵抗をはじめたため、仲間を助けるために八郎も参加する。イギリスの船に頼み込んで、一路箱館を目指した。

そうして隻腕となりながらも八郎の猛勇ぶりは変わることなく、遊撃隊の隊長として激しい戦火のなか闘い続けた。

しかし、徹底抗戦も虚しく、次第に追い詰められていく旧幕府軍。戦闘中、ついに八郎は胸部に被弾してしまう。それが致命傷となって回復の見込みがなくなるが、深手を負いながらも激戦区の五稜郭《ごりょうかく》へ移り、最後まで最前線に身を置き続けた。

やがて瀕死の状態となった八郎は、そこで初めて己の死を察知するのだった。

するとそばにいた戦友の※3榎本武揚《えのもとたけあき》がすっと手を差し出す。劇薬モルヒネだった。

戦火のなか、目が合う二人。無言で武揚が肯き、八郎はそれを飲み干して自決を果たした。

享年二十六。あまりに苛烈な生き様で幕臣の意地をまっとうした名剣士の最期だった。

※3　幕府海軍の指揮官。のちに政治家となり、数々の大臣を歴任。

自らの命も顧みず凄絶な戦いに身を投じて

信じる途を突き進むように戦闘に向かう苛烈な生き様は、負傷した自分の腕を斬り落としてもなお敵兵をなぎ倒す心の強さに表れている。しかし若さゆえの無謀な死は惜しまれる。

織豊時代

柴《しば》田《た》勝《かつ》家《いえ》

一生を軍事に捧げた武将の無念の死

死に方

切腹

享年62?
(1522年?～1583年)

PROFILE

織田信長の重臣。数々の軍功を重ねるも、織田信長が没すると主導権を羽柴秀吉に奪われ、賤ヶ岳の戦いで敗れる。信長の妹で妻のお市とともに自害。

死を覚悟した酒宴を開く武勇に秀吉も感服

「上様、かように武勇を天下へ顕《あらわ》せし柴田勝家殿でござりまする。ここはなんとか助命してみてはいかがでしょうか?」

家臣の一人が羽柴秀吉におそるおそる進言した。

すでに秀吉軍に完全包囲されているにもかかわらず、勝家が籠もる北庄《きたのしょう》城は織田信長から拝領した名宝で派手に飾り立て、死を覚悟した最後の酒宴を開いていた。

秀吉は宴の華やかな歌や楽器が鳴り響いてくる城を眺めていた顔を家臣に向ける。

「馬鹿者が！　そのようなことをしてみろ。我が城の池辺《いけべ》に毒蛇を放ち、庭前に虎を養うが如しじゃ！」

強い声で罵倒して一蹴し、

「皆の者っ！　総攻撃じゃ！　今こそ柴田を滅ぼすのじゃ！」

秀吉は勝家の豪胆さに感服しながらも、喚き叫んで兵に檄を飛ばし、強攻を命じた。

自らの五臓六腑を手で掻き出して自害

天正十一年[※1]。信長亡きあと、賤《しず》ケ《が》岳《たけ》の戦いで秀吉と戦って敗れた勝家の最期の時がいよいよ近づこうとしていた。

勝家は前妻を病気で亡くし、以降は独り身だったが、本能寺の変のあと、信長の妹のお市を後妻に迎え入れている。酒宴の最中で、そのお市が勝家に優しく笑いかける。

「今宵は本当に楽しゅうございまする」

「――なあ、お市よ。お前は信長殿の妹じゃ。秀吉とて命までは取らんであろう。どうか落ち延びてはくれんか？」

※1　西暦1583年

心から吐露する勝家の言葉に、お市はきっぱりと首を振る。

「いいえ。私は最後まで勝家殿と一緒でござります。その覚悟は変わりませぬ」

もう勝家はなにも言えなかった。直後、城内に攻め入ってくる秀吉軍の怒号が轟いた。

「――では、そろそろ参るか?」

「はい――」

勝家の呼びかけに静かに答えるお市は、寄り添うようにして席を立つのだった。

そうして勝家は二百ほどの精鋭を引き連れて天守に籠もって最後の防戦を試みるが、秀吉軍の圧倒的な兵力には衆寡《しゅうか》敵せず※2、お市と共に天守の九重目へ登っていく。

もうなにも言葉を発するでもなく、勝家はおもむろに愛するお市を刺し殺す。

「す、すまぬ――」。涙を零《こぼ》して詫び、続けざまにお市の血で染まる刀を自らの左脇に刺し立て、背骨に引きつけて切り裂き、胸から下腹部にかけて深く断ち切ったかと思うと、

「ふんぬうううぐごうぅおおおぉおおぅう――」

絶叫しながら己の五臓六腑を両手でずるずると掻き出し、とどめとして側近に首を断ち落とさせるという凄絶《せいぜつ》な割腹死を果たすのだった。

天下人・信長のもとで、一生を軍事に費やした屈指の武将の無念の死に様であった。

※2　多数と少数では相手にならないということ

信長のもとで培われた豪胆な猛将の凄絶死

どこまでも武士の魂を貫き通した勝家は、自らの五臓六腑を両手でずるずると掻き出して絶叫死した。それは信長に仕えた時から決意していた死に際だったかもしれない。

戦国時代

一万の軍勢相手に戦い抜いた剣豪将軍

足利義輝《あしかがよしてる》

死に方

討ち死に

享年30
(1536年～1565年)

PROFILE

室町幕府13代将軍。剣術の腕が立ち、剣豪将軍とも呼ばれる。権威が失墜していた足利政権を立て直そうと尽力するも、松永久秀らに急襲され討ち死に。

二度も京都を追われた不遇の将軍

不運な時代に翻弄《ほんろう》されながらも、室町幕府第十三代将軍の足利義輝は、誇り高く戦い抜き散っていった。将軍家に生まれると、世継ぎとして過保護に純粋培養される者がほとんどのなか、義輝の剣豪としての豪胆なまでの闘いぶりは、混沌たる戦国時代にその名を轟かせたのだ。

そもそも義輝の悲劇のはじまりは、将軍就任当時、すでに幕府の権力が地に落ちていたことであった。そのため将軍でありながら、二度[※1]も京の都を追われるはめになる。

※1　1度目は管領・細川晴元との権威争いで近江国・坂本に逃亡。2度目は近江・朽木に逃亡した

永禄元年、権力を掌握する細川家家臣の三好長慶《みよしながよし》と二度目の和解を果たした義輝は、ようやく京都に腰を落ち着け、将軍としての地位を確立して政治手腕を発揮していく。

ところが、だ。

「まことに目障りな男よの、このワシが亡き者としてくれるわ」

義輝の存在を快く思わない戦国大名がいた。

織田信長にも楯突く、残忍で無慈悲な梟雄・松永久秀であった。

最期は壮絶極まりない立派な散り際で

永禄八年[※2]、久秀はその言葉通り、迷いなく動き出す。義輝の住む二条御所を一万もの兵で急襲したのだ。義輝の従弟、義栄《よしひで》を将軍に据える決意を固めたうえでの暴挙だった。

その圧倒的な兵力に自らの死を覚悟しながらも、まるで動ずることなく義輝は勇猛果敢に立ち上がる。

「さあ、刀を持って参れ！　すべての刀をここへ持ってくるのだっ！」

家臣に言い放ち、運びこまれてくる名刀の数々を鞘から抜いていくと、次々に畳に突き

※2　1565年

刺していった。やがて猛進してくる無数の敵兵に刀を構える義輝は、見事な足さばきで自ら前へ出ていくや、

「ズバッ！　ズシャッ！　ドドゥッ！　グザッ！」

目にも止まらぬ凄まじい剣さばきで、たたみかけてくる敵兵を一刀両断していく。

そうして刀の刃がこぼれて切れ味が悪くなると、すぐさま畳に刺さった新しい刀を抜き取り、迫りくる敵を容赦なく斬りまくっていった。

義輝は、かの剣聖・塚原卜伝《※3つかはらぼくでん》から教えを受けた剣術の達人だ。将軍ではなく戦国武将であったなら、必ずや頭角を現してきたであろうと評される名剣士だった。

一人また一人と敵兵を斬りつけ、一歩たりとも退くことなく、孤高の戦いを展開していき、卑劣な久秀の軍勢を震え上がらせる義輝だったが、やがて心身の限界が訪れる。

最期は槍で脛《すね》を払われて転倒したところに、うえから何枚もの襖《ふすま》を投げかぶせられ、四方を取り囲む敵兵から滅多刺しにされ絶命した。

室町幕府第十三代将軍の足利義輝は三十歳でこの世を去る。

満身創痍で息が絶える最後の一瞬まで、諦めることも命乞いもすることなく戦い抜いた、壮絶極まりない立派な散り際だった。

※3　常陸の鹿島神宮社家の出。諸国を歴遊して剣術の腕を磨いた兵法家

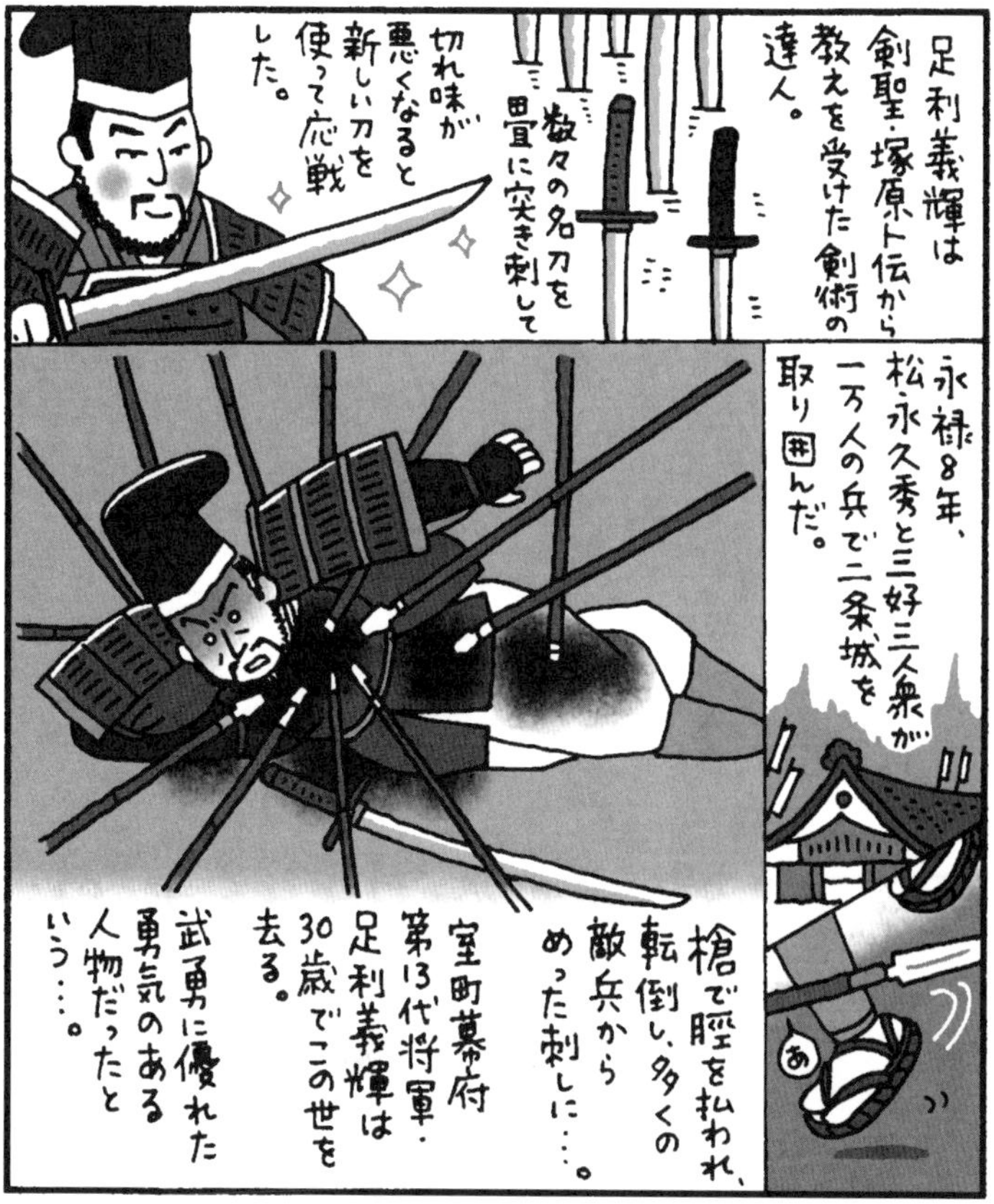
足利義輝は
剣聖・塚原卜伝から
教えを受けた剣術の
達人。
数々の名刀を
畳に突き刺して
切れ味が
悪くなると
新しい刀を
使って応戦
した。
永禄8年、
松永久秀と三好三人衆が
一万人の兵で二条城を
取り囲んだ。
あ
槍で脛を払われ、
転倒し、多くの
敵兵から
めった刺しに…。
室町幕府
第13代将軍・
足利義輝は
30歳でこの世を
去る。
武勇に優れた
勇気のある
人物だったと
いう…。

有終の美を飾るかのように
誇り高く散っていく

将軍でありながら都落ちし、圧倒的な数の敵兵に囲まれようとも、剣豪として誇り高く戦い抜き、臆することも命乞いすることもなかった。まさに将軍の名にふさわしい散り際だった。

織豊時代

待ち構える銃で蜂の巣にされて絶命

山県昌景《やまがたまさかげ》

死に方

討ち死に

享年52?
(1524年?〜1575年)

PROFILE

武田信玄に仕え、軍装を赤色に統一した「赤備え」を率いた勇将。譜代家老衆として江尻城代も務めた。身長は130cmから140cmと小柄であったという。

理解し合えなかった勝頼との主従関係

「いえ、信玄公ならば、かようには考えないでしょうな」

武田四天王と呼ばれる精鋭武将の一人、山県昌景の忠告に、※1武田勝頼《たけだかつより》はチッと舌打ちし、

(こいつも疎ましいことばかり口にするようになったな――)と胸中でのたまうのだった。

信玄亡きあと、戦国最強と謳われた武田家を率いる勝頼は、すでに有頂天になっていた。天正二年、織田家の勢力下にある東美濃で十八の城を攻略したばかりか、父の信玄ですら陥落させることができなかった高天神城《たかてんじんじょう》の攻略に成功する。この強攻策をもって勝頼

※1　甲斐武田家第20代当主。信玄の死後、家督を相続した

は、武田家最大の版図を実現した。それでいて、かつては父の代を支えた昌景の否定的な進言を聞くたび、「(もはや父を超えた俺になにを言うか)」と腹立たしく感じるのだった。

実際、信玄の死後、昌景は勝頼を補佐していたが、二人の反りは合わなかった。

敗戦と知ったうえ凄絶な討ち死にで世を去る

天正三年[※2]。絶頂を極めようとする武田軍に命運を左右する知らせが入る。

織田・徳川の大軍が着陣したとの報だった。

「殿、一旦ここは退くべきでござります。織田と徳川の軍勢を侮ってはなりませぬ」

またも否定的な進言を告げてくる昌景に対し、勝頼はふっと鼻で笑い、

「おい、昌景よ。おぬしも老いたな。織田と徳川ごときに怖気づいたというのか?」

と、まるで聞く耳を持たないばかりか、鋭く睨みつけて語気荒く吐く。

「ここは勝機よのう。父が成せなかった武田家の天下取りが叶うではないか」

その言葉を聞いた時、「この戦、絶対に勝てるわけがない――」と昌景は死を覚悟した。

同年五月二十一日。いよいよ長篠《ながしの》・設楽原《したらがはら》の戦いがはじまる。信長と家康の連合軍は

※2　西暦1575年

三万八千の兵。対して、勝頼の軍はその半分にも満たない一万五千ほどだった。しかも馬《ば》防柵《ぼうさく》[※3]の陰には信長軍が得意とする鉄砲を三千挺用意していた。臆する味方の軍勢にもかかわらず、勝利を信じて疑わない勝頼は、周囲が制止する声を聞くことなく突撃に執着した。

昌景は間もなく迎える己の死に覚悟を決め、無謀な進撃と知りつつ、馬防柵目がけて突進していった。

「パンッ！　パンッ！　パンッ！　パンッ！　パンッ！　パンッ！　パンッ！」

信長軍の一斉射撃が放たれる。昌景率いる最前線の騎馬軍がバタバタと倒れていく。

「討ち死に！　討ち死に！　皆討ち死に召されよっ！」

自軍を奮い立たせるように、昌景は声の限りに叫び立てる。そこで、またも一斉射撃。

「ぐぬぅっ――」無数の銃弾が昌景の体を貫き、もはや満身創痍だった。それでも死力を振り絞って前へ前へと進軍しようとした次の一瞬だ。

「ズゴッンッッ！」

頭部に被弾した昌景は馬から転げ落ち、さらに信長軍の銃弾で蜂の巣にされ命を絶った。

それから七年後の天正十年[※4]。信長・家康軍に追い詰められた勝頼は山中で自害する。平安時代から続く戦国最強の武田家はここに滅亡した。

※3　馬を通らせないために作った障害物

※4　西暦1582年

反りが合わなくても主君に従った老将の覚悟

勝ち戦であっても慎重な進言を忘れることなく武田家を守ろうとした昌景。最後は負け戦と知りながら、討ち死にしてでも忠実に戦った家臣の鑑として、その功績は計り知れなかった。

幕末維新

凄絶《せいぜつ》な死に様で自害した幕末志士

武《たけ》市《ち》半《はん》平《ぺい》太《た》

死に方

三文字切腹

享年37
(1829年～1865年)

PROFILE

土佐勤王党を結成し、尊皇攘夷運動の中心的な役割を担った幕末志士。幕府から弾圧を受けて投獄されると、獄舎での生活は1年9カ月にも及んだ。

切腹には並々ならぬ精神力と強固な意志が必要

自ら腹を切って命を絶つ切腹。その痛みは大人でも刃物を腹に刺した瞬間、失神してしまうほどだという。命が尽き果てるまで自分自身で深く腹を切り裂いていくには、想像を絶するほど並々ならぬ精神力と強固な意志が必要とされる。

切腹の作法としては、腹を横一文字に切り裂く『一文《いちもん》字《じ》腹《ばら》』か、横一文字に切ったあと、さらにみぞおちからへその下まで縦に切る『十文《じゅうもん》字《じ》腹《ばら》』が一般的だったが、自分の力だけで切腹を成し遂げて自害を果たせる人は、戦国時代であってもごく稀だった。

三文字切腹で男の意地を見せる

尊皇攘夷派の幕末志士であり、土佐勤王党《とさきんのうとう》を率いた武市半平太は、江戸末期の乱世にあって尊皇攘夷運動に傾倒していく。

※1文久元年《ぶんきゅう》には、一藩勤皇の理想を掲げ、高知にて坂本龍馬や吉村虎太郎《よしむらこたろう》、中岡慎太郎といった同志を集めて土佐勤王党を結成、首領となった。

さらに二年後には百九十二名が連判に参加し、最終的には五百名を超える一大勢力を組織するようになる。

その後、元来が豪気で血気盛んな半平太の政治活動は過激化の一途を辿る。※2文久二年には政敵である吉田東洋《よしだとうよう》を暗殺。これを契機に藩の実権を握るが、土佐勤王党は次々と刺客を放って敵対する政治家や要人を暗殺していった。

しかし半平太の躍進はそう長く続かない。徹底的な土佐勤王党弾圧がはじまって間もなく、暗殺への関与が疑われ、投獄されてしまうのだった。

当時、※3上士《じょうし》だった半平太は拷問を受けることはなかったが、同士が拷問に耐え切れず

※1　西暦1861年
※2　西暦1862年
※3　武士の身分の１つ。平士、郷士などがあり、上士は騎乗が許される最上位の家格

に自白したため、吉田東洋の暗殺に武市半平太が関与していた事実が明白となる。

『君主に対する不敬行為』という罪状でついに切腹を命じられたのは、慶応元年五月のこ[※4]とだった。

即日刑が執行され、半平太は体を清めて正装して切腹する。

「ぐうぉぉぅぅぅぅ！」

喚き叫びながら、半平太が実行したのは三文字切腹というものだ。

文字通り、三の字を描くように横に三回自らの腹を切り裂くもので、常人にはまず不可能といえる、想像を絶するほどの激痛を伴う凄絶な自害で男の意地を見せつけた。

死刑を見守る周囲の者全員が絶句してしまうほどの苛烈な死に様は、後世まで語り継がれるほどになる。享年三十七。

余談だが、半平太と坂本龍馬は同じ土佐生まれの遠い親戚関係で、お互いをあだ名で呼びあうほど仲が良かった。龍馬が土佐勤王党を脱退して脱藩した時、誰よりも龍馬を心配して庇《かば》ったのは首領である半平太だった。

考え方や価値観が異なって進む道が違おうとも、豪気で血気盛んな性格とは別に、半平太には優しくて好人物の一面があったといわれている。

※4　1865年

尊皇攘夷派の
幕末志士であり
土佐勤王党を
率いた
武市半平太。
吉田東洋の暗殺
や、数々の暗殺事
件に関与があっ
たとされ、投獄。
誰もなし得なかったとされる
腹を3度掻っ捌く
「三文字腹」をし、前のめりになったところを
介錯人の手によって斬殺。

三度も自分の腹を裂いて自害を果たした男の意地

幕末志士の苛烈な生き様を後世に残すように、誰も成しえない凄絶な切腹を完遂した半平太。心に燃え上がる怒りや憤りは最後までそれほど凄まじかったのだろう。

幕末維新

佐《さ》久《く》間《ま》象《しょう》山《ざん》

死すべくして死した幕末の傑物

死に方

暗殺

享年54
(1811年～1864年)

PROFILE

西洋砲術を学び、勝海舟や吉田松陰、坂本龍馬などの名立たる志士たちに影響を与えた幕末の兵学者。鎖国攘夷派の志士に疎まれ、京都で暗殺された。

自らを〝天下の師〟と名乗った万能学者

幕末の天才とも呼ばれる佐久間象山は、文武に卓越した万能学者だった。和歌や漢詩、書画に秀で、経書、和算、朱子学を修学し、さらには洋式砲術を習得して大砲の鋳造《ちゅうぞう》にも成功した。また学習した蘭学の知識を応用して、ガラスの製造や地震予知器の開発にも成功している。しかも幼少期から父親のもと剣術で鍛え上げられ、藩主である真田幸貫《さなだゆきつら》に称賛されるほどの腕前を誇っていた。

二十九歳で私塾『象山書院』を開くと、瞬く間に多くの門下生を集め、勝海舟、坂本龍馬、吉田松陰といった俊秀を指導した大家として名を高めた。

一方で、まさに文武両道を地でいく当世の傑物であったためか、その性格は傲慢不遜で自信過剰な部分があったといわれている。

自らを〝天下の師〟と名乗ったことでも、その自信家ぶりがうかがえよう。

ちなみに象山が世に遺した名言は「失敗するから成功がある」。

作製した西洋大砲が大爆発を起こした時も、そう言って平然としていたという。

こうした豪気で空気を読まない気質が多くの敵を作り、言われなき恨みをあちこちで買っていた。無残な末路を迎えたのも紛れもなく象山自身の過失であった。

慢心が滅多刺しの無残な死を招いた

元治《げんじ》元年[※1]七月十一日。京都、木屋町。

この前年に攘夷派の公家や長州藩士らが京都から一掃され、報復として開国論者が攘夷派に暗殺される剣呑《けんのん》[※2]な事件が多発していた。朝廷や幕府要人に公武合体論や開国論を説く象山が、尊皇攘夷派の志士から狙われるのはもはや明らかだった。にもかかわらず、

※1　西暦1864年
※2　危険な感じがするさま。不安を覚えるさま。

「象山先生、くれぐれも攘夷派の者たちには気をつけてください」

心配する門下生らに言われても、

「なぁに、心配することなどないわ」

と、まるで他人事のように返していた象山。その日も黒の袢と白い小袖という派手な出で立ちで白馬にまたがり、お供も連れず悠々と町を闊歩していた。その姿はかなり目立ち「襲えるものなら襲ってみろ」と、攘夷派を挑発しているように映ったという。

この過剰な自信が命取りとなった。

のんびり町を進んでいたところ、突然に、前後を数人の賊に挟み撃ちされてしまう。

「お前ら、何者だっ！　ワシを誰か知っての狼藉《ろうぜき》か？」

剣の腕が立つ象山は逃げるでも動じるでもなく、声高らかに騎乗から刀を構える。

しかし、人斬りの剣士数人を相手に敵うはずがない。白馬を一突きされて落馬した瞬間、あっけなく刺客たちに滅多刺しにされ、血まみれで絶命してしまった。象山を殺したのは、幕末の四大人斬りの一人として名高い河上彦斎《げんさい》たち尊皇攘夷派の熊本藩士。

才知に長けた象山なら、注意さえ怠らなければ、みすみす路上で斬り殺されることなど絶対になかったはずだが、自らの慢心が無残な死を招いてしまった。享年五十四だった。

勝海舟、坂本龍馬、吉田松陰の師である佐久間象山は、公武合体論や開国論を唱えていたゆえに、
尊皇攘夷派の志士たちから目をつけられる。
先生、攘夷派の者たちに気をつけて下さい
なに心配ないさ
馬を斬られ、象山が落馬したところをめった刺し。
元治元年7月11日佐久間象山は熊本藩士・河上彦斎らの手によって暗殺された。

傲慢不遜で自信過剰な性格が死を招いた

いかに文武に長けた万能な学者であっても、無謀な言動は少なからず象山の寿命を縮めた。もし驕り高ぶる気持ちを抑え、穏やかに生きれば、さらに人々の衆望を集めたに違いない。

生首を見てトラウマに!? ショック死した毛利幸松丸

子どもには刺激が強すぎた『首実検』

毛利元就《もうりもとなり》の兄・興元《おきもと》が病死し、わずか２歳で毛利家の家督を継いだ嫡男の幸松丸《こうまつまる》。９歳の時、合戦後に行われる「首実検」で生首を見て、ショックを受けてそのまま亡くなってしまったという。「首実検」とは、大将に討ち取った首を差し出して、兵たちの武功を確認する大切な儀式。戦死者を慰霊するという意味もあり、近くの寺や神社で行われた。大永３年（1523年）、幸松丸は鏡山城の戦いのあとに、毛利家の当主として家臣たちに連れられて、いやいやながら首実検に参加。まだ幼かった幸松丸にとって、次から次へと差し出される死人の生首は刺激が強すぎたのだろう。その後、トラウマとなり体調を崩し、わずか９歳で人生の幕を閉じた。

第三章

可哀そうな死に方

山中鹿介
平手政秀
大村益次郎
佐久間盛政
豊臣秀次
伊達輝宗

織豊時代

山《やま》中《なか》鹿《しかの》介《すけ》

主君のため忠義に生きた悲運の武将

死に方

暗殺

享年34
(1545年〜1578年)

PROFILE

出雲の尼子家再興を幾度も試みた忠臣。織田信長の力を借り、宿敵だった毛利家を打倒しようとするも、悲願は叶わず夢半ばでこの世を去った。

誓い通り、諦めずに何度も再興を願う

「願わくは、我に七難八苦を与えたまえ」

そう三日月に祈ったという逸話を持つ山中鹿介は、最期まで宿敵である毛利家に苦しめられ、主家・尼子再興のため尽力した悲運の武将として戦国の乱世を駆け抜けた。

永禄九年[※1]、毛利家との数年に及ぶ激戦の末、主君・尼子義久の居城である月山富田城が落城。義久は毛利方によって安芸[※2]に幽閉されてしまう。

主君を失った鹿介は一路京都へ進み、尼子の血を引く勝久を当主として、主家再興に生

※1　西暦1566年
※2　現在の広島県西半部

涯を懸けることを誓い、三日月を仰いでそのように祈願したといわれている。

永禄十二年[※3]。鹿介は満を持して動き出す。

尼子旧臣らとともに京都をはじめとする各地の遺臣らを集め、出雲へと侵攻を開始する。

毛利家が九州出征で居城のある中国地方を留守にした折を狙ったのだ。

この進撃が功を奏した。旧主ということもあり、鹿介が旗を振る尼子再興軍は、瞬く間に六千人もの味方を集めることができた。このまま勢いに乗るかに思えるも、西の覇者毛利方の壁は分厚く、やすやすと退かないばかりか、底知れぬ兵力で再興軍を圧倒する。

鹿介は二度の敗走のあと、今度は織田信長を頼り、打倒毛利の望みをつなげるのだった。

信長に見捨てられて暗転する命運

三度目の侵攻は、豊臣秀吉の助力もあって、上月城の奪回に成功する。戦果を耳にし、離散した尼子遺臣がふたたび集結しはじめ、「今度こそは！」と鹿介は勝利に懸ける。

だが、毛利方はやはり手強かった。

天正六年[※4]、上月城は三万もの毛利軍の大軍に包囲される。ただちに秀吉軍が一万の兵を

※3　西暦1569年

※4　西暦1578年

引き連れて救助に向かおうとしていたが、ついに命運が尽きる。

「秀吉、上月城はもはや見捨ててしまえ」

無慈悲な信長のひと言で、鹿介の尼子家復興の願いは完全に断ち切られたのだった。

結果、尼子家は滅亡し、勝久は自害する。

鹿介は捕虜として六十名の家臣とともに移送されることになったが、道中、阿井の渡し※5に差しかかり、渡し船の順番を待つため軍勢は足止めされる。

「やれやれ、これは川を渡るのに時間がかかるな」

そう一人ごちて、鹿介が河原の岩に腰を降ろした刹那だ。

「今だ！」

猛々しい叫び声があたりに轟いた次の一瞬、
ズシャッ――

捕虜として生かされるはずの鹿介は、背後から毛利軍の足軽に斬りつけられた。

尼子家再興のため三度も毛利家に刃向った鹿介は邪魔な存在でしかなかった。

こうして鹿介は主君への忠義を果たせぬまま、わずか三十四歳で無念の生涯を終えた。

鹿介の暗殺を命じたのは、毛利《もうり》輝元《てるもと》もしくは吉川元春《きっかわもとはる》といわれている。

※4　現在の岡山県高梁市

月に七難八苦を願うほど生涯を主家再興に懸けた男

逆境に見舞われようとも忠誠心を忘れず、主家の隆盛を願って命を捧げた鹿介の覚悟は、裏切りが常の戦国時代には稀有といえる。運に見放された無念な死はじつに痛ましい。

戦国時代

諫死《かんし》にこめられた想いと無念が交錯

平《ひら》手《て》政《まさ》秀《ひで》

死に方

自刃

享年62
（1492年〜1553年）

PROFILE

織田信秀に仕え、「うつけ者」と呼ばれた戦国の風雲児・信長の若き日の教育係。斉藤道三の娘・濃姫と信長の婚約など、織田家に貢献した。

『尾張の大うつけ』信長の傅役《もりやく》となる老臣

「このうつけ[※1]もんがっ！」

織田信秀が息子の信長を叱り飛ばす怒号を聞きながら、やれやれと織田家宿老の平手政秀は深くため息をつくのだった。

（こんなことでは織田家の行く末が思いやられるわ——）

直後、はっとして、信長の傅役[※2]を命じられた政秀は、自身を戒めるように首を振って思い直す。

※1　常識はずれ。空っぽ。馬鹿者を意味する

※2　若君の教育係。武芸を教えたり身の回りの世話を行ったりした

（いやいや、ワシがしっかりせねば。殿から仰せつかったのだからな）

『尾張の大うつけ』と呼び声が高い信長は、奇天烈な言動の数々で城内外の人々の失笑を買っていた。日頃から着物ではなく浴衣を着用し、まげも結わずに派手な紐で毛髪を結び、腰には帯ではなく荒縄を巻いて瓢箪《ひょうたん》や草鞋《わらじ》をぶら下げている。勉強はまるでせず、作法や礼儀はいっさい無視し、半裸で馬にまたがって領内を駆けめぐり、武士の子でありながら町人の子たちと戯れ、遊び呆けてばかりだった。

長男との不和が引き金で板挟みに

「これ！　いくらなんでも不作法がすぎます。いい加減になさい！」

茶室であぐらをかいて大あくびしている信長を政秀は叱りつける。

「な、なんですか、今日のそのいでたちは！」

いつもよりさらに奇怪な服装の信長に対して怒声を上げる。

常日頃から信長の素行に頭を抱え、気苦労が絶えなかった政秀は、どうにかまっとうな武士となれるようにと腐心していた。ところが、最悪の事件が起きてしまう。

※3天文《てんぶん》二十一年三月。信秀が亡くなった。家督は嫡男の信長が継ぎ、葬儀の喪主も務めた。僧侶三百人を参集させた壮大な葬儀は、生前の信秀の偉大さを物語るものだった。

ところが信長は、葬儀に遅刻したうえ、いつも通りの傾奇者《かぶきもの》のいでたちで現れると、父の位牌に向けて抹香を投げつけたのだ。この一件は近隣大名の間でも噂になった。

政秀の胸中に渦巻く不安は一層深くなり、いよいよなんとかせねばと悩む矢先のことだ。

「おい、五郎右衛門！　いい馬に乗っているなあ。これは俺によこせよ」

ぶしつけに政秀の長男にそう命じ、可愛がっている駿馬を奪おうとしたところ、

「いいえ、私は武士でござりまする。馬がなければ仕事になりませぬ。どうかお許しを」

と、きっぱり断った。その瞬間、わがままで短気で直情的な信長は、五郎右衛門に対して猛烈な憤怒を腹に抱えるのだった。

それ以降も五郎右衛門に深い遺恨を持ち続けた信長のせいで、両家の主従関係が悪化し、板挟みとなった政秀は傅役としての自らの責任を取るため切腹してしまう。

「ワシが死ねば、きっと信長殿も変わってくれるはずじゃ」

そう願いながら、グザッと腹を裂いて※4諫死《かんし》した。※5天文二十二年一月のこと。その想いが通じたのか、信長は政秀の死をいたく悲しみ、その名を冠した政秀寺を建てて弔った。

※3　西暦1552年

※4　死んで目上の人を諫めること

※5　西暦1553年

生真面目すぎる性格が逆にあだとなって自害

天衣無縫な信長の教育係を命じられた瞬間から、政秀の運命は決まっていたのかもしれない。表裏ない性格ゆえに考えすぎて自害したのは織田家にとって大きな損失だったはずだ。

幕末維新

維新十傑の天才軍師が迎えた無念の死

大村益次郎《おおむらますじろう》

死に方

病死

享年46
(1824年〜1869年)

PROFILE

長州藩出身の医者であり兵学者。第二次長州征伐や戊辰戦争で多大な貢献をした。その後、新政府に加わって日本の軍制改革の礎を築いた。

空気が読めない傲慢不遜な性格が災い

明治維新十傑の一人である大村益次郎。江戸幕府解体から明治維新にかけて、目覚ましい活躍を見せ、高杉晋作らとともに奇兵隊《きへいたい》の創設に関わる。その後は長州藩の軍制改革を行い、イギリスから最新の西洋兵器を購入して軍の組織改革に取り組んだ。長州軍を日本初の近代的軍隊に生まれ変わらせた立役者の一人として、その名を轟かせた。

実際に益次郎は華々しい戦果を残していく。第二次長州征伐では自ら西洋式軍隊を組織し、旧式の幕軍を撃破した。戊辰《ぼしん》戦争では江戸城明け渡し後も上野寛永寺に立てこもる彰義隊約三千名を、わずか一日で鎮圧するという快挙を成し遂げる。

この勢いのまま、明治維新への道を切り開いていくかに見えた矢先のこと。

先の戊辰戦争の軍議において、益次郎は薩摩藩の海江田信義《かいえだのぶよし》[※1]にかみついてしまう。

「貴殿はいくさを知らぬな」

公衆の面前でそう言い放って罵倒したため恨みを買い、西郷隆盛の仲介でなんとかその場は収まるものの、海江田の恨みは残り続けていた。

空気が読めない、傲慢不遜――頭脳明晰の半面、益次郎は対人関係において性格的な問題を抱えていた。じつはこの短所が彼の命運を大きく変えていく。

明治二年[※2]。益次郎は暗殺に遭う。

受傷後すぐに手術を受けていれば延命

「死ねっ！　益次郎」

京都の旅館でかつての教え子たちと会食中、八人もの刺客に急襲され、同席していた二人は殺されてしまう。益次郎だけは風呂場に逃げ込み、辛くも生き延びることができた。

※1　戊辰戦争で東海道先鋒総監督参謀を務め、西郷隆盛を支えた。勝海舟との交渉役も務め、江戸無血開城にも尽力

※2　西暦1869年

それでも顔面や肘、特に左膝は骨まで達するほどの深手を負い、その後、救助されて傷の手当を受けた。

ところが、傷口から菌が入ったことによって敗血症と診断される。敗血症は血液中に細菌がいるため、血液が循環する全身に炎症をきたすというおそろしい病気だ。

すぐにでも左大腿部切断の大手術を受ける必要があったのだが、いつまで経っても手術の勅許《ちょっきょ》※3が下りない。

「いったい、いつになったら手術が受けられるんだっ！」

日に日に容態が悪化して疼く左足を不安に思いながら、苛立ち焦る益次郎。

そうして受傷後二カ月を経て、なんとか手術を受けたものの、時すでに遅し。

「手術はしたものの何だか体が熱い。もう俺はダメかもしれない――」

自身の言葉通り、術後間もなく他界してしまう。享年四十六。

もしすぐに手術を受けていれば、生き長らえていたはずだった。

襲撃の首謀者はわからぬままだが、いずれにせよ人の遺恨を買う性格が災いしたのは間違いないといわれる。手術の勅許が下りなかったのも、益次郎の存命を喜ばない反対勢力の妨害があったという説は、いまだ根強く残っている。

※3　天皇の許可。政府高官の手術に対して許可が必要だった

いつの時代も対人関係が人を育て人を滅ぼす

空気が読めない、傲慢不遜――頭脳明晰の半面、性格的な問題があった益次郎。ムダに敵を作れば得はなく、最後には損ばかりしてしまうという悪しき例といえる。

織豊時代

派手な死装束で京の市中引き回し

佐《さ》久《く》間《ま》盛《もり》政《まさ》

死に方

死罪

享年30
(1554年〜1583年)

PROFILE

織田信長に仕え、柴田勝家を叔父に持つ戦国武将。賤ヶ岳の戦いで勝家軍の先鋒として活躍するも敗北。秀吉の誘降を拒否して刑死した。

『鬼玄蕃』と鬼才秀吉の熾烈な死闘が開始

「秀吉はここにはおりませぬ。美濃[※1]にいるとのことです」

陣へ駆け込んできた家臣からの知らせを受け、佐久間盛政は膝を叩いて猛々しく吠えた。

「皆の者、今こそ時が訪れたぞっ！」

天正十一年[※2]。敵の総主将秀吉がいない隙を突いての絶妙な攻撃は見事大成功を収める。

柴田勝家がこのうえなく可愛がる甥っ子の盛政は、叔父と敵対する豊臣秀吉側の武将・中川清秀《なかがわきよひで》が守る大岩山砦を奇襲し、その軍を壊滅したのだった。

※1　現在の岐阜県
※2　西暦1583年

※3『鬼玄蕃《おにげんば》』と異名をとる盛政は、織田信長が太鼓判を押すほどの猛勇な武士で、勝家から全軍の指揮を任されるに足りる卓越した才と頭脳と、そして豪胆な度胸を兼ね備えていた。
「砦を落としたら、すぐに戻ってこい」。そういう勝家との約束を交わしていたが、勢いに乗る盛政は、秀吉方の周辺砦をも攻略する絶好の機会とばかりに大岩山砦にとどまる。

「秀吉がいる美濃からここまで十三里（約五十二キロメートル）。天魔と言えど、まさか戻ってはこれまい」

そう高を括る盛政だが、鬼才秀吉はわずか五時間で一万五千もの兵と共に到着する。

潔く死を選び最期まで武勇を貫いた

戦局は一気に逆転する。勝家の与力として一緒に布陣した前田利家《まえだとしいえ》が裏切ったこともあり、盛政の隊は敵の真っただ中に孤立してしまう。それでも盛政は秀吉の大軍相手に死闘を展開して手こずらせた。しかし今や天下最強と名高い秀吉軍は、想像を絶して強かった。

間もなく敗戦が決定的となり、戦場から落ち延びて再起を図ろうとする盛政だったが、なんとか自分の領地まで逃げ切ろうとしたところで秀吉の追っ手に捕まってしまう。

※3　玄蕃は律令時代の官職のこと

囚われの盛政に向かって秀吉は言う。

「どうじゃ、ワシの家来にならんか？　しからばおぬしに肥後熊本をやろうではないか」

かねて盛政の武勇を高く評価していたゆえの秀吉の誘いだった。

しかし盛政は一瞬の迷いなく、きっぱりと答える。

「もし、ここで生をいただいても、私は秀吉殿を見れば、きっとあなたを討ち果たしに行くでしょう。いっそ死罪をお申し付けくだされ」

秀吉は盛政の武士としての潔さを褒めて切腹させようとする。が、盛政は納得しない。

「切腹は武士として名誉の死。私は敗者として処刑されたい。どうか縛り上げて京の市中を引き回し、打ち首にしてくだされ。そうすれば、秀吉殿の威光も世に広まりますぞ」

この提案にはさすがの秀吉ですら絶句し、ややあって声なく肯きかけたところ、

「できれば死装束は思い切り派手に目立ちとうございます。あれこそが鬼玄蕃と呼ばれた佐久間盛政ぞと言われて死ねれば本望です」

秀吉は紅色の小袖を用意してやり、盛政は望み通りに市中を引き回される。京には世に聞こえたる鬼玄蕃を一目見ようと、身分も男女も問わず、大勢の人々が見物に詰めかけた。

最後に盛政は斬首を望み、静かに己の首を差し出して三十年の人生の幕を閉じたのだ。

勝家は死んだ。ワシに仕えぬか？
私が生き残ればいずれあなたを討ちます。いっそのこと死罪にして下さい。
柴田勝家の妹の子・佐久間盛政は秀吉からの誘降を断った。
それがお主の望みならば叶えてやろう
市中引き回しの刑
こうして、盛政は京都市中を引き回され、
最後は斬首で人生の幕を閉じた。

柴田勝家の秘蔵っ子が散り際に見せた武将の意地

秀吉をも唸らせた猛将・盛政は、戦いぶりも見事なら、その散り際もまた見事だった。延命のみならず大名の位を秀吉に持ちかけられても、死罪を選んだ潔さは天晴というほかない。

織豊時代

無念の自害を遂げて眷族《けんぞく》も皆殺し

豊臣秀次《とよとみひでつぐ》

死に方

自刃

享年28
(1568年～1595年)

PROFILE

豊臣秀吉の姉・日秀尼の長男として生まれる。秀吉から関白職を譲られるも、秀頼の誕生を機に秀吉から遠ざけられ、切腹に追い込まれた。

謀反の嫌疑をかけられる関白の秀次

「鷹狩りと称しておりますが、山へ行くのは謀反を企てているためのようです」

文禄《ぶんろく》※1四年、太閤の豊臣秀吉と関白の豊臣秀次の不和が世間で囁かれた折のことだ。石田三成《いしだみつなり》の讒言《ざんげん》※2によって、秀次は謀反の嫌疑をかけられてしまったという。

「我に謀反の意思などない！」

秀次は懸命に釈明して無実を主張し、三成ら秀吉の家臣に七枚もの誓紙を書いて提出した。が、三成は秀吉に注進する。

※1　西暦1595年

※2　事実を曲げたり、ありもしない事柄を作り上げたりして、目上の人に告げ口すること

「やはり、秀次が毛利輝元《もうりてるもと》と独自に通じ、誓約を結んでいる証拠が見つかりました」

そもそも秀次は秀吉の甥で後継者とみなされた有力候補の一人。この由々しき局勢を憂《ゆう》慮《りょ》した秀吉はただちに秀次に伝えを送った。

「諸説の誤解が生まれるのは、秀次がワシにちゃんと釈明しないからだ。至急、伏見城へくるように」

ところが、これで事態は収束せず、さらに混迷を深めることになる。

諫死の真相は豊臣家の世継ぎ問題

伏見城へ赴いた秀次は、どういうわけか秀吉との面会が許されなかった。それればかりか秀次は関白左大臣の官職を剥奪され、罪人扱いで思いもよらぬことを命じられてしまう。

「太閤様曰く、『お前なんぞ高野山に行ってしまえ！』とのことです」

秀吉の家臣にそう伝えられ、愕然とする秀次だった。

それでもその後、行く末を察し切ったように、秀次は落ち着き払っていた。

同年七月十日、秀次は数名の小姓とともに高野山へ入る。

同年七月十五日、秀次に賜死の命令が下る。

「太閤様曰く、『お前なんぞ、もう自害してしまえ！』とのことです」

秀次は行水をすませて身を清めたあと、小姓たちの介錯を終えて自らの命も絶った。

さらに同年八月二日、秀次の若君や姫君、側室など計三十九名が斬首された。

秀次、享年二十八。一時は豊臣家を継ぐといわれた若き関白の無念の死だった。

じつは秀次を死に至らしめたのは、三成の策略ではないという説が残る。

秀次は秀吉の朝鮮出兵に強く反対していた。一方の秀吉からすれば、

「豊臣家の未来繁栄を考えての唐入りなのに、なぜ甥の秀次がわかろうとしないのだ」

というジレンマが怒りに変わったというのだ。

先に朝鮮侵攻に反対して秀吉の怒りを買い、切腹を命じられた千利休と同様だった。

一方、三成が黒幕でなかった証として、切腹後に秀次の遺臣たちを秀吉が召し抱えたことが挙げられる。もし秀次の切腹が三成の進言によるものであれば、果たして遺臣たちが三成の家臣になり、さらには関ヶ原の戦において三成の下で命を賭しただろうか。

結局のところ、秀吉と側室の淀殿の間に実子である秀頼が生まれたことで、秀次は世継ぎ候補から一転、疎まれていったというのが真実なのであろう。

秀吉の気まぐれに翻弄され自害を余儀なくされる

豊臣家の世継ぎ問題に巻き込まれた秀次。もともとは秀吉の後継者だったが、淀殿との間に実子である秀頼が生まれて運命が一転した。秀次を守る家臣がいれば、と悔やまれる。

織豊時代

伊達《だ》達《て》輝《てる》宗《むね》

我が子の目前で殺された政宗の父

死に方

刺殺

享年42
(1544年～1585年)

PROFILE

伊達晴宗との内紛を経て家督を相続し、41歳で嫡子に家督を譲り隠居。その翌年、畠山義継に拉致される途中、我が子の目前で刺殺された。

天下の趨勢を見極める才で伊達家を守る

永禄八年[※1]。出羽山形城主の最上義守《もがみよしもり》の娘・義姫《よしひめ》と結婚して家督を継いだ伊達輝宗。百年にも及んだ戦国の動乱は、織田信長の台頭によってまさに終息を迎えつつあったが、父祖が営々と築いてきた奥羽の地は、いまだ群雄割拠の様相を呈していた。

当主となった輝宗は、いかにして領土を守るかに腐心するも、持って生まれた天賦の才か、天下の趨勢《すうせい》[※2]を的確に見極める資質に恵まれた。信長の名を奉じて上杉軍に出兵したり、徳川家康とも誼《よしみ》を結んだり、さらには明智光秀に信長が討たれてからは後継者の豊臣秀

※1　西暦1565年

※2　物事がこれからどうなっていくのかというありさま

吉の顔色を窺ったりして、乱世のなか、伊達家を守り続けたのだった。

そんな輝宗は四十一歳で、まだ十八歳の嫡男、政宗に後図を託して隠居する。

中央政局の動向を押さえ、もはや安泰に思えた輝宗に悲劇が見舞ったのは翌年のことだ。

想定外の裏切りに自ら死を選ぶ

天正十三年[※3]。政宗が岳父である田村清顕《たむらきよあき》とともに大内定綱《おおうちさだつな》を攻めた。定綱と姻戚関係にあった、二本松城主の畠山義継《はたけやまよしつぐ》もまた、政宗から攻撃を受けてあえなく降伏し、伊達への服従を誓わされた。だが、政宗が義継に出した降伏条件は非常に厳しく、大名としての地位を維持できないほど多くの領地を取り上げることを強いた。

「どうか、そこまでの没収は何卒勘弁してくださ い」

義継は懇願するが政宗は聞き入れず、

「お主は処分を受け入れるしかないのじゃ!」

と罵倒して迫った。

奥羽の覇者として数々の武勇を轟かせつつあった政宗の強硬策に、ちょっと待ったとば

※3　西暦1585年

かりに間に入ったのが父の輝宗だ。さすがにそこまでしなくても、という思いからだった。

そうして辛くも処分を軽減された義継は、謝意を示そうと、宮森城にいる輝宗を訪れる。

「先日はありがとうございました。では、これにて失礼いたします」

対面が終わって玄関に見送りに出た輝宗へ深々と頭を下げる義継だったが、直後に態度が豹変する。突然、家臣とともに義継は刀の鞘を抜き、剣先を輝宗に突きつけ、人質として拉致したのだった。

「なにっ？　父上が拉致《らち》されただと！」

報を受けた政宗はただちに兵を率いて追撃に向かうのだった。「急いで追いかけるぞ！」

二本松領に入る寸前で義継の軍に迫った政宗。

しかし、父を人質にとられていては、さすがの名将でも攻撃できないでいた。と、

「なにをやっとる！　速やかに義継を討て！　我を顧みて伊達の家門の恥辱を残すな！」

輝宗が息子の政宗に向かって叫んだ。その怒声をそばで聞いて観念したのは義継だった。

「もはや、これまでか――」

「グザッ！」。もはや逃げおおせぬと諦めた義継と家来に、輝宗は刺殺※4される。

享年四十二。最期は自らの趨勢を見極めきれずに迎えた、我が子の目前での死だった。

※4　政宗側からの銃撃で死んだとする説もある

情けを裏切りで返されて
命果ててしまう

戦況を読み解く才に長け、乱世の趨勢を味方につけて伊達家を守り抜いた輝宗。だが意外な落とし穴があった。自ら助けた義継の裏切りだ。戦国時代ならではの無慈悲な結末である。

コラム 其の三

詩人だからこそ死（詩）に上手!?

捕まる前にコレラで急死した梁川星巌

吉田松陰らと交流し、尊皇攘夷運動の中核を担っていた詩人・梁川《やながわ》星巌《せいがん》。はじめは江戸詩壇の中心的な人物として活躍していたが、藤田東湖や佐久間象山らと交流を持ちはじめ、憂国の詩人になっていく。「京都にくる志士で星巌を知らない者はない」といわれるほど有名になった彼が書いた詩は、幕末志士たちの精神的な支えとなった。幕府に目をつけられ、安政の大獄で捕まりそうになった星巌。だが、大量逮捕開始日の３日前にコレラにかかりあっけなく死亡し、処罰を免れた。そのため星巌は、詩人だけに「死（詩）に上手」と京都の人々にいわれたという。もし生きていれば、吉田松陰と同じように斬首されていただろう。運がいいのやら悪いのやら。

第四章

予想外な死に方

龍造寺隆信
尼子晴久
佐久間信盛
長尾政景
吉田松陰
藤田東湖
伊東義祐

織豊時代

家臣に置いてきぼりにされて惨死《ざんし》

龍造寺隆信《りゅうぞうじたかのぶ》

死に方

討ち死に

享年56
(1529年〜1584年)

PROFILE

最盛期は肥前、筑前、筑後と九州の一大勢力となった戦国武将。隆信勢が有利とされた有馬・島津連合軍との「沖田畷の戦い」で死去。

謀略と裏切りを繰り返して九州三強に

因果応報とは、戦国時代の九州で『肥前の熊』[※1]と怖れられた暴君、龍造寺隆信の生き方そのものだといえよう。

冷酷で残忍。味方であっても疑わしき者は容赦なく処刑する、疑心暗鬼にかられやすい無慈悲な人物として知られた隆信。その極悪な人間性は五十六年の生涯を終えるまで変わることがなかった。そうした隆信の残虐性は十代の頃の経験が植え付けたといわれている。

そもそも龍造寺家は戦国大名の少弐冬尚《しょうにふゆひさ》に仕える被官だったが、謀反の疑いをかけら

※1　現在の佐賀県

れ、主君に誅殺されてしまう。このため、隆信は曾祖父の家兼《いえかね》とともに筑後[※2]の蒲池鑑盛《かまちあきもり》のもとへと逃げるも、翌年には蒲池家の力を借りて一族の恨みを晴らし、龍造寺家を復興させた。

力には力で対抗し、謀略と裏切りを繰り返してでも、勝つことがすべて。

隆信は心にそう刻み込み、やがて九州三強へとのし上がる。しかし、間もなく猛将としての才気は影を潜め、酒色に溺れるなかで人望を失っていく。

「我が気に入らぬことが、我がためになるものなり」

これは義兄弟でつねに一緒に戦ってきた鍋島直茂《なべしまなおしげ》が残した名言だ。そんな心配を察することなく、説教ばかりする直茂を疎んじる隆信に、義弟の想いが届くことはなかった。

因果応報といえる暴君の無残な末路

天正十二年[※3]三月、島津・有馬連合軍を相手とする沖田畷[※4]《おきたなわて》の戦いが勃発する。

隆信が率いる兵は約二万五千。対して敵方はわずか六千ほど。

「この勝負、もらったで。がははは。勝利は我が軍にありよ！」

※2　現在の福岡県

※3　西暦1584年

※4　肥前島原半島（長崎県）で勃発した戦い。「畷」は湿地帯の中の小道を意味する

戦の前から圧勝を確信する隆信だったが、堕落した生活で肥満化した体は馬に乗れないほどで、輿《こし》に揺られながらの出陣となった。この時も直茂は厳しく忠言する。

「島津は油断ならない相手ですぞ。どうか侮《あなど》ることなく、肝に銘じてください」

だが、傲慢不遜な隆信は、やはり義弟の心配する言葉を聞き入れようとはしなかった。

それほど隆信は完全に見くびっていた。九州随一といわれる知謀の将、島津の実力を。

戦局は一気に動いた。島津・有馬連合軍は負けたふりをして退却し、ぬかるんだ湿地帯に隆信の大軍を誘い入れ、片っ端から矢と鉄砲を撃ち込んでいったのだ。

大軍の強みを封じられた奇襲攻撃になす術なく、混乱に陥った龍造寺の兵は総崩れとなる。隆信の輿の担ぎ手もまた皆が逃げ出していき、

「おい、こら、待て。お前ら、どこへ行く！」

と慌てて叫ぶも、家臣は誰一人として耳を貸すことなく姿を消していく。

戦場のぬかるみへ輿とともに残された隆信は、あっという間に敵兵に囲まれてしまう。

「ズバッ！」。最後はあっけなく首を斬られ、絶命してしまった。

謀略と裏切りを繰り返して九州三強へとのし上がった隆信の末路は、味方に裏切られ、戦場に置き去りにされてしまうという予想外な最期だった。

慢心で自滅していった暴君の無様な末路

血で血を洗う抗争を繰り広げて勢力を拡大した隆信は、肥満化した体と同様に心も鈍り切っていた。もし側近の直茂の忠言を聞いていれば、武将として名を馳せていたかもしれない。

戦国時代

戦の勝敗が決する前に心臓麻痺

尼子晴久《あまごはるひさ》

死に方

病死

享年47
(1514年～1560年)

PROFILE

中国地方の三代謀将・尼子経久を祖父に持つ大大名。家中の軍事集団「新宮党」を粛清すると弱体化。毛利氏との攻防中に病死した。

毛利家に惨敗を喫して弱体化

永正十一年[※1]、出雲の戦国大名・尼子家の次男として生まれた晴久。五歳の時、父の政久《まさひさ》が戦で死去したため、祖父の経久《つねひさ》に甘やかされて育った。家督を継いでからは播磨《はりま》まで勢力を拡大し、当時、毛利家に次いで力を持っていた大内家よりも京都に近づこうとしていた。

晴久が中国地方の覇者、毛利元就《もうりもとなり》と対決するのは、三十代になってからだ。もともと毛利家は元就の前の代までは尼子家の傘下にあった。戦国大名として勢いづい

※1　西暦1514年

ていた晴久は、「くれぐれも元就を侮《あなど》ることなかれ」と出陣に反対していた経久の諫言《かんげん》など聞き入れることなく、毛利家の本拠である吉田郡山城へ攻め入る。

結果、惨敗を喫して命からがら居城へ戻ることになった。

間もなく経久が死去し、晴久に忠告できる者は皆無となり、旗色が悪くなっていく。

極寒の夜に神頼みの冷水浴を

吉田郡山城攻めの翌年、大内家が尼子家の本拠・月山富田城《がっさんとだ》を攻めてくる。

ここぞと元就も大内側に加担して攻撃を仕掛けてきたが、晴久はなんとか持ちこたえて、迎撃に成功する。月山富田城が『天空の城』※2と呼ばれるほど険しい地形に築かれていたため、さしもの大内家・毛利家でも討ち落とすことはできなかったのだ。

だが満身創痍の尼子家は、その後も続く元就との激しい攻防や身内の粛清によって徐々に力を失っていく。

やがて元就は旧大内領の大半を支配下に収めるほど勢力を拡大。一方、尼子家は毛利家の猛攻に対して防戦で耐えるしかない厳しい状況に追いこまれる。

※2　標高184mの自然の地形を利用した山城。攻略するのが難しい城といわれていた

祖父の経久に甘やかされて育った晴久は逆境に弱い。

この頃から、亡霊が脳裏をめぐり、慙愧《ざんき》[※3]の念が胸の内をついばむほど心を病んでいった。

そのため神社に奉納して御家安泰を願い、自らも修行に励んでいく。

そうして迎えた師走の夜。

「よしっ、ここは冷水を浴びて月にお祈りしよう」

晴久は月に勝利を託すように、桶で冷水を汲んでは全身に浴びはじめる。

「ザッパーン。ザッパーン。ザッパーン」と、今後の行く末が心配でありながら、もはや神頼みの祈祷に縋るしかない晴久に、突然の不幸が襲いかかったのは直後のこと。

「ハ、ハウッゥ――――ッ」

極寒の夜、凍るような冷水を浴び続けたため、胸を押さえて倒れてしまった。

翌日の早朝。

「――ご臨終です」

[※4]永禄三年十二月二十四日、晴久は急性心筋梗塞で死亡したといわれている。

毛利家との戦の勝ち負けが決まる前に、晴久はその生涯を終えた。

享年四十七。当時としても短い寿命であった。

※3　恥じ入ること

※4　西暦1561年1月9日

甘やかされて育ち
心に弱さを抱えた武将

祖父に育てられて武家としての厳しさが身につかぬまま、毛利勢の攻勢に苦しめられ、最後には根拠のない神頼みに縋って突然死を迎えた。戦もまた勝敗を決するのは心にある。

織豊時代

信長と生き、信長に生を奪われた宿老《しゅくろう》

佐《さ》久《く》間《ま》信《のぶ》盛《もり》

死に方

転落死

享年54
(1528年〜1581年)

PROFILE

平手政秀の死後より、織田信長の織田家臣団を長年率いた筆頭家老。数々の戦いで戦功を重ねるも信長と不和になり、追放された。

十九ヶ条の折檻状で高野山追放の憂き目に

『お主ら親子は五年もかけてなんの功績も挙げておらん。どういうことだ?』

『相手が坊主だから勝敗の機を見極めようともせず、だらだらしておったのか?』

『明智光秀も羽柴秀吉も池田恒興も頑張っておるのに、なぜ奮起しようとしない?』

『柴田勝家もワシのために手柄を立てようと必死で戦って、加賀を平定しておるのだぞ』


つらつらと書き連ねられた折檻の書状の一ヶ条また一ヶ条を読みながら、佐久間信盛は自らの全身がぶるぶると震えていくのがわかった。

事の発端は、主君の織田信長から石山本願寺攻略の総指揮を任されたことだった。

「たかが寺だ、簡単に攻め落とせる」と高を括っていたら、鉄砲を使った怖ろしいほどの徹底抗戦で迎撃され、思いのほか手こずってしまった。

ともあれ、攻め落とすまで丸四年以上というのは、さすがにまずかった――。

信盛はしてもしょうがない後悔に胸を痛めつつ、十九ヶ条目の折檻の文面に目を這《は》わせ、そして慄くのだった。

『役立たずのお主ら親子ともども、頭を丸めて、高野山にでも隠遁《いんとん》し、連々と赦しを乞うのが当然であろうが』

「ひぃぃぃいいいぃぃぃ――」

無慈悲なまでの最後の一文を読み終わり、思わず悲鳴を上げる信盛に、

「いかがなされましたか、お父上？」

息子の信栄《のぶひで》※1が心配そうに訊ねる。
※2天正八年三月十二日、信盛と信栄の親子は、信長の重臣でありながらも高野山追放の憂き目に遭う。三十年にわたって仕えてきた信長の性格は誰よりも知り尽くしているつもりだった。どういうつもりで折檻の書状を寄越《よこ》したのか、信盛はすでにわかっていた。

※1　信栄は父・信盛の死後に赦免され、信長の嫡男である信忠に仕えた。豊臣秀吉や徳川秀忠にも召し抱えられ、76歳まで生きた

※2　西暦1580年

凋落の果ては崖から転落死

かつては信長の信頼も厚く、桶狭間《おけはざま》の戦いをはじめ、主だった戦をともにしてきた。一時は筆頭家老として織田家から重宝されたほどだ。それがこんなことになろうとは――。

信盛は悔いながらも、心のどこかで放免されることを望んでいた。

しかし本願寺の失敗を信長はけっして赦そうとしなかった。

それぱかりか追い打ちをかけるように、高野山からも退去するよう信盛親子に命じる。

追放された翌年の七月二十四日のことだ。

熊野[※3]の奥まで流浪した信盛は、体調を悪くし湯治《とうじ》をしていた。

「さて、湯に浸かって体を休ませるかのう。あっ――」

濡れた岩に足を滑らせたかと思うと、その後はあっけなかった。弱っていた体が崩れるように倒れ、そのまま崖から転落死してしまった。流説では、病死あるいは賊に殺害されたともいわれているが、主君信長に捧げた生涯は、信長によって幕を閉じられる。

信盛の没年は、信長が暗殺された本能寺の変の一年前であった。

※3 現在の奈良県

信長を怒らせてしまい
人生を踏み外した筆頭家老

かつては信長に重宝がられた信盛は、ただ一度の失敗で信長の逆鱗に触れ、追放処分後に絶命。秀吉か家康の家老であれば人生が変わっていたかもしれない。

戦国時代

長《なが》尾《お》政《まさ》景《かげ》

湖上の遊宴で酒を飲み溺死

死に方

溺《でき》死《し》

享年39
(1526年〜1564年)

PROFILE

越前守護代・長尾家の支流に生まれる。妻は上杉謙信の腹違いの姉で長尾為景の娘である仙洞院。従順に謙信に仕えるも、不可解な死を遂げた。

長尾一族の抗争に終止符を打つ景虎

戦国時代の越後国[※1]は、長尾《ながお》家の系譜にある越後上杉家と上田長尾家の同族同士の対立が深刻だった。

長尾政景は越後守護代である上田長尾家の当主・房長《ふさなが》の嫡子として誕生した。

一方、長尾景虎《かげとら》[※2]は、越後上杉家の長尾為景《ためかげ》の四男として生まれた。

房長と為景は一時期対立を深刻化させ、房長が為景への服従を誓ったことで双方矛を収める形になった。しかし、景虎が守護代となってからは政景と対立。世代を超えてふたた

※1　現在の新潟県

※2　のちの上杉謙信

び同族同士の争いがはじまった。

『越後の龍』と呼ばれるほど、戦に長けて連戦連勝を誇る景虎はみるみる頭角を現し、十三代将軍足利義輝から国主大名の待遇を許される。

そうした景虎の勢力拡大を懸念する政景は、坂戸城に籠もって抵抗を試みた。

天文二十年[3]一月、和睦を呼びかけても応じようとしない政景に対し、景虎はついに出陣を決意する。そうして幾度かの戦を経て政景を降伏させ、長く続いた長尾一族内の抗争に終止符を打つことに成功したのだった。

湖上の酒宴で不可解な最期を迎える

敗北した政景は処刑されることはなかった。

それればかりか和議の証として、景虎の姉である仙洞院を妻として迎えることになる。

以後、政景は景虎の家臣として忠誠を誓い、一門の重鎮となって若き景虎政権の中枢を担っていく。

弘治《こうじ》元年[4]には政景と仙洞院の間に子[5]が生まれ、平穏な生活を送る。

※3　西暦1551年
※4　西暦1555年
※5　のちの上杉景勝。豊臣政権の五大老となる

政景もまた景虎の信頼に応えるように、関東出陣の際には居城である春日山城の留守居を任されるほどになり、ようやく越後は長尾一族の結束によって順風満帆な時代を迎えようとしていた。が、永禄七年七月五日[※6]、政景に思わぬ悲劇が訪れるのだった。

「うぬ、今宵は気分が良いのう」

政景は琵琶島城主の宇佐美定満《うさみさだみつ》を招き、家臣・国分彦五郎《こくぶんひこごろう》を連れ立って野尻湖上に舟を浮かべ遊宴を催していた。

「いささか酔っぱらってきたようじゃ」

上機嫌で杯を傾ける政景に、彦五郎が言葉を向ける。

「では政景様、湖で泳いでみてはいかがでしょうか?」

「おお、それまた一興であるな。酒のせいか夏のせいか、体が熱いしのう」

まわりの制止も聞かず、泥酔した二人は勢いよく湖に飛びこんで遊泳をはじめた。ところが思いのほか湖水は冷たく、心臓麻痺を起こしたのか、ともに身体の動きを止め、そのまま沈んでしまった。溺死だった。

不可解な政景の死には、景虎の密命を受けた定満が暗殺を謀ったなど、諸説紛々であるが、真実は定かではない。

※6　西暦1564年

戦乱の世を生き抜くも ふとした過ちで幕を閉じる

長尾一族内の抗争で敗北したが、上杉謙信の計らいで家臣となり、穏やかに生きた政景。ところが湖上の酒宴で泥酔して、あっけなく溺死する。謙信も残念な想いだっただろう。

幕末維新

吉田松陰《よしだしょういん》

暗殺計画を自ら暴露して死罪

死に方

死罪

享年30
(1830年〜1859年)

PROFILE

長州にて私塾「松下村塾」を主宰した幕末の思想家。伊藤博文や山県有朋など、のちに明治維新の指導者となる人物たちを輩出した。

幕末の混迷を極めた時勢に生きた尊皇家

教育者、思想家、そして尊皇家として、幕末の時代を生きた吉田松陰。

松下村塾を開いて、高杉晋作、久坂玄瑞《くさかげんずい》、伊藤博文《いとうひろぶみ》、山県有朋《やまがたありとも》ら約八十人の門人を集め、多くの優秀な志士を育てたことで名を知られるようになる。

偉大な教育者として崇められる半面、松陰は苛烈な尊皇攘夷主義者であった。

それには幕末の混迷を極めた時勢が大きく影響し、結果として松陰を若くして死に至らしめることとなる。

潔く首を差し出して死を受け入れる

安政五年[※1]、幕末の大老・井伊直弼《なおすけ》は、朝廷の許しを得ることなく日米修好通商条約を結び、さらには第十三代将軍家定の跡継ぎを反対派を抑えて独断で決めるなど、強引な政治を行った。こうした直弼のやり方に反感が高まっていた。

これに対して直弼は、自らを批判する尊皇攘夷派勢力や諸大名、公家を厳しく取り締まり、大弾圧を行って鎮圧した。

安政の大獄である。

松陰もまた直弼の断行に激しく異議を唱え、攘夷の思想を過激化させていき、もはや徳川幕府も長州藩士たちもあてにならないと考えるようになっていた。

安政六年、尊皇攘夷の先鋒だった梅田雲浜《うめだうんぴん》[※2]が投獄されると、交流があったために松陰も連座して伝馬町の牢獄に投ぜられる。

松陰への嫌疑自体は軽微なものだったのだが、今こそ幕府に考えを伝えられる時がきたとばかりに、自分の主張をつらつらと訴えはじめた。

※1　西暦1858年

※2　小浜藩（現在の福井県）出身の儒学者。江戸や長州の萩で松陰と交流があった。獄中にて死去

その流れで尋問されてもいないのに、松陰は堂々と言い放ってしまう。

「じつは、老中の間部詮勝《まなべあきかつ》を暗殺しようと思っています」

暗殺計画などまったく知らなかった幕吏は、驚きのあまり声が出なかったという。

当然、松陰の暗殺計画は見逃されるはずもなく、

「松陰というのはとんでもない奴だ。ただちに斬首しろ、斬首だ！」

と、直弼の耳に入るや、斬首刑が言い渡される。

同年十月二十七日、伝馬町牢屋敷にて刑に処される瞬間の松陰はじつに潔く、自分の首を差し出して「いざ」と一言だけ放ち、そのまま世を去った。

松陰が死の直前に高杉晋作に宛てた手紙には次のように綴《つづ》られてあった。

『死は好むべきにも非ず、また悪《にく》むべきにも非ず、道尽き心安んずる、便《すなわ》ち是れ死所』

意味は【死はむやみに求めたり避けたりするものではなく、人間として恥ずかしくない生き方をすれば、まどわされることなく、いつでも死を受け入れることができる】ということだ。

享年三十。天才教育者であり、思想家であり、尊皇家のあまりに早すぎた死だった。

多くの幕末志士に影響を与えた吉田松陰。

志定まれば気盛んなり
安政6年、尊皇攘夷の先峰だった梅田雲浜が投獄されると、交流があったために松陰も連座。

実は、老中の間部詮勝を暗殺しようと思っていたんです。

聞かれてもない罪を自ら暴露。

え？

何てヤツだ
同年10月27日、伝馬町牢屋敷で刑が執行され、この世を去った。

松陰というのはとんでもないやつだ。斬首しろ、斬首!!

井伊直弼

〝口は災いの元〟を実践し死罪になった天才教育者

聡明な頭脳と豊かな知見で、教育者、思想家、尊皇家として活躍した松陰は激しい気性だった。それにしても自ら暗殺計画を吐露して斬首刑となるのは、あまりに意外な死に様だ。

幕末維新

藤《ふじ》田《た》東《とう》湖《こ》

母想いの優しさで自らの命を犠牲に

死に方

圧死

享年50
(1806年〜1855年)

PROFILE

水戸藩出身の儒学者。徳川斉昭を藩主に擁立し、斉昭の腹心として藩政改革を推進。江戸水戸藩邸内で大地震に見舞われ圧死した。

幕末の志士と趨勢に多大な影響を与えた

江戸末期を迎えるにつれ、日本各所に黒船が出没し、外国勢力の脅威をひしひしと感じる人が増えてきた。

太平洋に接する長い海岸線を持つ水戸藩でも、しばしば黒船が目撃された。

文化三年[※1]に水戸で生まれ、のちに水戸学の地位を確立する藤田東湖は、徳川斉昭《とくがわなりあき》の側近として活躍し、外国人や外国かぶれの者を排斥する『尊皇攘夷』の思想を初めて言葉にして用いたとされている。

※1　西暦1806年

「外敵は排除しろ！　これからの時代は尊皇攘夷だ！」

西欧諸国の脅威をいち早く認識して危機感を抱いた東湖の政治的な考え方は、吉田松陰や西郷隆盛といった数々の尊皇志士と、幕末の趨勢《すうせい》に多大な影響を与えた。

全国の幕末志士から絶大な信頼を得ていた東湖であるが、志半ばにしてあっけなく散ることになる。その死に際はまさに予想外だったといっていい。

大震災の倒壊で圧死して絶命

安政二年[※2]十月二日。安政の大地震が日本を襲った。

この大地震の犠牲者数は一万人を超え、倒壊家屋は一万五千戸余りだと記録されている。震度は四～六で、震源地は関東だったが、被災地は江戸だけでなく、神奈川、埼玉のほか、栃木、山梨、静岡、長野と、広域で甚大な被害が出た。

地震の時、東湖は江戸の水戸屋敷にいた。

「グラグラグラグラグラ――」と、尋常ではない揺れに襲われ、慌てて母親を背負って外へ飛び出した。迅速な判断と行動のおかげで、母子ともども無事に避難できたものの、

※2　西暦1855年

「ねえ、火鉢の火が心配だわ」

そう言って、母親が屋敷に残した火鉢を気にかけ、ふたたび倒れかかった屋敷へと戻っていくのだった。

「いま家に入ったら危ないっ！」

叫びながら東湖もまた、母親を連れ戻すため屋敷へと引き返した。

そうして玄関口に足を踏み入れた直後だ。

崩れた鴨居が二人の頭上から降ってきた。

東湖は我が身をもって落ちてくる鴨居を支えたため、母親は助かったが、自らはそのまま梁《はり》の下敷きとなった。

息絶える寸前、母親の無事を確認すると、そのまま東湖は力尽きて圧死した。

享年五十だった。

二年前にペリーが率いるアメリカ海軍艦隊が浦賀に入港して開国を要求し、まさに実力行使で異国船を打ち払おうという尊皇攘夷の気運が高まる幕末の動乱の最中に、東湖はこの世を去ってしまった。

没後、母想いの東湖をしのび、親子が住んだ小石川藩邸跡には記念碑が建てられた。

激しく尊皇攘夷を訴えながら じつは母想いの優しい息子

幕末志士を率いて、外国人や外国かぶれの者を排斥する運動を激化させた東湖は、家に帰ると母に優しい息子だった。母を庇って圧死した一件は多くの仲間の心を打った。

織豊時代

戦国大名から乞食となって絶命

伊東義祐《いとうよしすけ》

死に方

病死

享年74
(1512年〜1585年)

PROFILE

日向国(現・宮崎県)で権勢をふるった戦国武将。島津氏に敗れ去ると没落していき、中国・四国地方を放浪。晩年、浜に打ち捨てられた。

優雅な生活が一転して逃亡の旅に

〝栄枯盛衰は世の習い〟というが、戦国時代から織豊時代にかけての武将、伊東義祐の生涯は、まさに栄華を極めたあと、枯れ果てるように悲惨な末路を迎えた。

そもそも、二百四十余年にわたって日向国※1のほぼ全域を手中に収めていた伊東家は、九州有数の戦国大名だった。十一代・義祐の時代で一族は絶頂を迎える。

一方で、当時の九州は薩摩を根拠地とする大名家の島津豊州家が勢力を拡大していた。飫肥《おび》を領する島津家と日向南部の権益をめぐって争い、長い一進一退の攻防を繰り返し

※1　現在の宮崎県西都市

た義祐であったが、その後、宿敵島津軍に敗れたというよりも自滅していくことになる。

都の公家に強く憧れる義祐は、居城である都於郡城《とのこおり》とは別に、佐土原《さどわら》にも城を築いた。

城下には金閣寺を模した金柏寺《きんぱく》を造営したばかりか、大仏堂や豪華な別邸までも建立した。

さらには朝廷に莫大な献金をして、従三位の高位に叙《じょ》せられた。

散財を繰り返すばかりで、国政は乱れ腐敗し、重税を強いられて民心が離れていったのは当然の成り行きだった。そのような悪政に将兵の心もまた離れていった。

そんな折に島津軍が攻めこんできた。もはや家臣たちは戦う意思などない。義祐は戦に応じることができず、都於郡城と佐土原城を明け渡して逃げ去るしかなかった。

浜に老人が捨てられていると聞き

天正五年[※2]、六十五歳の義祐は三男の祐兵《すけたけ》とともに妻子を伴って逃亡の旅に出る。わずかな血縁でつながる、豊後《ぶんご》[※3]の大友宗麟《おおともそうりん》を頼って落ち延びるほか術は思いつかない。

厳冬と豪雪のなか、険しい山々の道なき道を進んで峠を越える、過酷な旅路が続いた。

『足を痛めて流れる血が草鞋《わらじ》を赤く染め、疲れて動けなくなった女中は自害し、泣き叫ぶ

※2　西暦1577年
※3　現在の大分県南部

凄まじい声が聞こえ、どうしようもなく哀れになった』と、当時の記録には綴《つづ》られてある。

やがて二百キロに及ぶ難路を抜けて宗麟の許に辿り着くも、疫病神と罵られた義祐は、わずかな家族を連れてふたたび逃亡の旅に出る。

そうして辛くも辿り着いた伊予[※4]では、極貧生活を余儀なくされた。

祐兵は義祐を離れて羽柴秀吉の家臣となり、大出世を果たすが、その妻の阿虎《おとら》は堺に家を借りてつつましい生活を送っていた。

その後、義祐はあてもなく一人で放浪の旅に発つ。すでに七十四歳になっていた。

「そうだ、堺にいる祐兵の嫁の阿虎に会いに行こう」

ある日、ふとした思いつきで息子の嫁を頼ろうとして船に乗るものの、金がないうえに、垢にまみれた汚い老人の義祐は、船頭に浜へ捨てられ、そのまま置き去りにされてしまう。

「浜に乞食の爺さんが捨てられている」という噂を聞きつけた阿虎は胸騒ぎがした。

もしや――とばかりに浜辺へ行くと、汚れた老人は紛れもなく舅《しゅうと》の義祐であった。

「お、お義父さん――」変わり果てた姿となった義理の父を見てむせび泣く阿虎。

ただちに家へと運ばれ、手厚い看病を受けるが、時すでに遅しだった。

一週間後、すでに衰弱し切っていた義祐は長い長い旅路の末、静かに息を引き取った。

※4　現在の愛媛県

散財の果てに
乞食となって放浪の旅へ

義祐ほど激しい人生を渡り歩いた戦国大名も珍しい。日向全域を支配する富強時代を経て、逃亡の旅に出たあと、最後は浜に捨てられた乞食となる。いつの世も栄枯盛衰は常なのだ。

コラム 其の四

源頼朝は馬から落ちて死亡した？

もともと病気で？ 落馬の怪我で？ 謎の落馬死亡説

鎌倉幕府を開いた源頼朝は53歳でこの世を去った。その死因には諸説あるが、一番有力視されているのが落馬説である。相模川の橋供養の帰りに落馬して、その17日後に死亡したという。ただ、この落馬説にはさまざまな見解がある。頼朝はもともと糖尿病を患っていて、川に差し掛かった時に体をうまく動かせず落馬したという説。落馬した際に頭部を強打し、脳卒中や脳溢血を起こしたのが原因で死亡したのではないかという説。頼朝の妻・北条政子の背後にいる北条一族に暗殺されたのではないかという説も考えられている。実際に頼朝の息子・頼家や実朝は暗殺されており、当時の出来事を考えるとまったくないとは言い切れない。

第五章
悔やまれる死に方

豊臣秀頼
森蘭丸
沖田総司
高杉晋作
長宗我部信親
源実朝

織豊時代

最後まで戦場に出なかった総大将

豊臣秀頼《とよとみひでより》

死に方

自刃

享年23
（1593年～1615年）

PROFILE

豊臣秀吉の子として生まれ、秀吉が没すると6歳で当主となる。徳川家康の言いがかりで大坂の陣が勃発し、母の淀殿《よどどの》とともに自害。

七十三歳の家康と二十二歳の秀頼の激突

天下人、豊臣秀吉が総力を結集して建立した大坂城は、十万もの兵が十年籠もっても戦えるように設計されていたという。とりわけ、天下無敵と謳《うた》われた北条氏の小田原城に倣《なら》った外堀の防御威力は凄まじく強固で、攻め入る敵をまるで寄せつけなかった。

慶長十九年[※1]、両家がぶつかる大坂冬の陣が勃発する。

戦国時代において鉄壁の守りを誇る、最強の大坂城を舞台にして、徳川家康と豊臣秀頼による天下分け目の決戦の火蓋は切られたのである。

※1　西暦1614年

この時、家康はすでに七十三歳。自身の老齢に反して、まだ二十二歳で逞《たくま》しく成長を遂げつつある豊臣家の長を討つには、今しかないと家康は腹を括った。豊臣譜代の有力な大名が同時期に相次いで病死したことも、家康の戦意をかきたてたといわれている。

総帥としての度量と資質が勝負を分けた

家康は周到な根回しによって矢継早に軍令を発し、諸大名たちに大坂城の包囲を命じた。一方の秀頼方には現役大名の加担はなかったが、真田信繁（幸村）などの勇将が集った。家康方の軍勢は二十万強。対して秀頼方は七万弱。兵力では圧倒的に家康が有利だった。しかし、秀頼には父が遺した大坂城があった。家康は大筒で一斉砲撃を試みるが、大坂城の難攻不落ぶりは想像以上で、逆に城内からの迎撃に遭って多くの兵が倒れた。まともに戦っては時と兵を失うだけ――。家康に焦燥感が漂いはじめるのは早かった。

ところが機知と策略に長けた家康には奥の手があった。徳川のスパイを多数潜り込ませ、大坂城内の様子が筒抜けになるよう画策していたのだ。やがて極秘裏に淀殿主導で和平の密約が結ばれ、約束通り外堀を埋められて裸同然となった大坂城は家康軍に包囲される。

秀頼は家康によって国替えを命じられるが、もちろん拒否し、ふたたび両軍は交戦する。

慶長二十年[※2]、大坂夏の陣のはじまりだった。

すでに外堀を埋められている大坂城に防御すべき手立てはない。真田信繁（幸村）や毛《もう》利《り》勝永《かつなが》らは、討死覚悟で秀頼を守り通すため、城を出て地の利を占めて戦う戦法に出る。

そうして両軍は激しくぶつかり合い、真田・毛利勢は敵本陣へと果敢に斬りこんで、幾度も家康の首に迫るが、ついに力尽きて敗死してしまうのだった。それでも大坂城内に籠もり続ける総大将の秀頼は、仲間の危機を知りながら、一度も戦場に赴くことはなかった。

「火が放たれたぞっ！　燃えておるっ！」

徳川勢が雪崩れこんだ直後、火焔に包まれて、難攻不落の大坂城は大混乱に陥っていく。

「秀頼殿を殺さないで！　どうか、お願いいたします！」

そう懇願する秀頼の正室・千姫《せんひめ》は、家康の孫であったため助けられた。

だが、千姫の必死の願いが家康に聞き入れられることはなかった。

観念した秀頼は母親の淀殿とともに自害し、灰塵《かいじん》と化した城で姿形を消した。

もし秀吉の総帥としての度量と資質が秀頼にあれば、こうも易々と戦国一の名城が攻略されることはなかったと、後世まで語られた。

※2　西暦1615年

若き悲運の大名秀頼の判断ミスが大敗を招いた

戦上手の家康を相手に、鉄壁の守りを誇る大坂城で対抗した秀頼の夏の陣は、いくつもの不運が重なって敗北してしまう。周囲に惑わされず自ら決断していれば歴史は変わっていた!?

織豊時代

勇ましくも利発な若き小姓

森《もり》 蘭《らん》 丸《まる》

死に方

討ち死に

享年18
(1565年～1582年)

PROFILE

織田信長の家臣・森可成の三男。信長に気に入られ、小姓として仕えた。本能寺の変で明智軍の安田国継によって討ち取られた。

信長を庇って応戦するも槍の一撃が

「明智の軍勢が攻めて来たぞっ！」

「臆するな！　迎え討て！　殿様を守るのだっ！」

夜明け前、一気に鬨《とき》の声が本能寺を囲むようにして轟き、ほぼ同時に御殿へ向けて無数の鉄砲が撃ちこまれてきた。直後、兵が雪崩れこんで騒然とする城内で森蘭丸は、

「さ、信長様、こちらへ」

主君の織田信長を守るようにして、寺の殿中の奥へと促すのだった。

自らも弓矢を持ち、次には十字槍を手にして、迫りくる明智光秀の軍を相手に猛然と戦い続けた信長と蘭丸だったが、いかんせん敵兵の数が多すぎた。

と、そこで明智勢の※1安田国継《やすだくにつぐ》が猛然と襲いかかってきて、信長は負傷してしまう。

「このっ！」。ただちに蘭丸が応戦し、国継に対して下腹部を一突きするも、

「小僧、やりやがったなっ！」

猛将として名高い国継はひるむことなく、逆に怒り狂って槍を突いてきた。

「喰らいやがれ！」

「グザッ――」。その凄まじい一撃で蘭丸は絶命してしまう。

もし、あの日の進言を聞き入れていたなら

若くして信長に重用されていた蘭丸は、小姓という役職では異例となる五百石もの領地を与えられた。それだけでも信長からの信頼がいかに厚かったかが窺い知れる。

じつは本能寺の変の以前から、蘭丸は光秀の反逆心に気づいていたといわれている。

ある日、光秀が命令を素直に受け入れないことに怒り、信長が頭を殴りつけた時だ。

※1　光秀の家臣・斎藤利三に仕えていた武将。慶長2年（1597年）に没するが、その命日は信長と同じ6月2日だった

「殿様に取り立てていただいた恩があまりに大きいため、左様なことをされましても、反逆の心を抱きはしませんが、それでもあまりの仕打ちではございませぬか――」

そのように光秀は苦言を呈した。その場に居合わせた蘭丸は、後日ひっそり耳打ちする。

「明智殿は謀反を企てております。成敗なさるべきです。『反逆の心を抱きはしませんが』と述べたのは、いかにも腹の内で反逆している証拠です」

「なにゆえ、そのように思うのだ？」。信長が問うと、

「今朝、明智殿が朝食をとっていた時のことですが、何事かを思案するあまり、箸を手から落としたことにも気づかないほどでした。察するに天下の一大事を考えていたに違いありませぬ。明智殿は信長様をひどく恨んでおりますゆえ、だとしたら答えはひとつです」

その一瞬、はっとする信長だったが、結局、蘭丸の言葉を取り上げることはなかった。

多忙な職務をそつなくこなし、絶対の忠義を果たす蘭丸を、信長は「自分の自慢できるもの」の一つに数えて賞賛し、織田家に欠かせない重臣としての将来を期待していた。

もし、あの日の蘭丸の進言を聞き入れていたなら、信長は本能寺で命を落とすことはなかったかもしれない。そうであれば戦国の歴史は大きく変わっていたであろう。

天正十年[※2]六月二日、森蘭丸は十八歳という若さで、主君信長とともに業火の中で散る。

※2　西暦1582年

誰よりも早く光秀の謀反に気づいていた才覚

信長に寵愛された小姓の蘭丸は、じつは人の気持ちと空気を読む才覚に優れていた。気難し屋で有名な信長が、いつも蘭丸を傍に置いたのは類い稀なその才覚を買っていたからだ。

幕末維新

沖田総司《おきたそうじ》

多くの仲間に悔やまれた若き剣豪の死

死に方

病死

享年27
(1842年〜1868年)

PROFILE

白河藩士・沖田勝次郎の子として生まれ、近藤勇や土方歳三らがいた試衛館に弟子入り。名うての剣士だったが若くして病に倒れて死去。

幕末の世で突出した天才少年剣士

幼い頃から天然《てんねん》理《り》心流《しんりゅう》道場で育った沖田総司は、弱冠十二歳にして白河藩の剣術指南と対戦して勝利を収める。そのように剣術でめきめきと頭角を現し、十代半ばで免許皆伝を受けるほどの剣技の持ち主となる。十九歳で塾頭となり、敬愛する道場主の近藤勇《こんどういさみ》や、同門の土方歳三《ひじかたとしぞう》とともに厳しい修練を重ねていった。

「キエ〜イ（シタタタンッ！）」

鋭い掛け声と同時に放たれる電光石火の三段突きは、総司の得意技のひとつで、無類の難剣と称されるほど対戦相手に恐れられた。

「総司が本気で立ち合ったら、土方歳三でも、いや、師匠の近藤勇でさえやられてしまうだろう——」

とは、のちに総司らが加わった新選組の二番隊隊長、永倉新八《ながくらしんぱち》の言葉だ。

それほどに総司は天才剣士として名を轟かせ、幕末の世で突出した存在になっていく。

病魔に蝕まれ病床に伏して迎える最期の時

総司は尊皇とか佐幕という思想とは無縁の若者だったが、師である近藤勇の許、新選組に入ると一番隊組長としてさらに存在感を増していった。

元治元年※1、二十三歳の総司は大坂西町奉行所の与力、内山彦次郎を暗殺。

翌月には、四十人以上の志士が集う池田屋に、わずか十人ほどで突入し、討幕派の長州藩士である吉田稔麿《よしだとしまろ》や肥後の松田重助《まつだじゅうすけ》を滅多切りにした。

その乱闘の最中に、総司は不意に血反吐《ちへど》を吐いて倒れこんだといわれている。

刀傷を受けたのではなく、どうやら持病の肺患が悪化して喀血にいたったという説と、

※1　西暦1864年

一過性の貧血だったという説がある。

池田屋事件の直後にも、総司はいくつもの新選組の作戦に参加し、苛烈な剣裁きで次々と人を斬っているが、すでに病魔が体を蝕みはじめていた。

「ゴホッゴホッゴホッ――」

総司は日常生活でも青白い顔をして激しく咳きこむことが増えていった。

「おい、沖田、大丈夫か?」

ほかの隊員に心配されるも、症状は悪化の一途を辿り、ついには戦線離脱して病床に伏してしまうのだった。

「ゴッホッ、ゴッホン、ゴホッ――、ぅぅぅ、苦しい――」

慶応四年五月三十日[※2]。痩せこけて寝たきりになってしまった総司は、虚ろな意識のなか、庭先で鳴く黒猫[※3]が耳障りで、なんとか起き上がって刀で斬ろうとするが……。

「あぁ――、ダメだ。斬れない。もはや俺は刀すら握れなくなってしまった――」

立ち上がることもできず、そのまま総司は力尽きて、一人静かに絶命する。

病名は肺結核だった。享年二十七。天才剣士であっても最後は病に勝てなかった。

その余りに若い逝去は、剣で切磋琢磨した多くの仲間に惜しまれたといわれている。

※2　西暦1868年、明治元年
※3　黒猫を斬ろうとした史実はなく、創作だといわれている

最強剣士の素顔は子どもに優しい朗らかな若者

剣から離れた総司は、明るくて朗らかな性格だった。いつも冗談を言いながら笑顔を絶やさず、近所の子どもたちと戯れていた。時代が時代なら、良いパパになっていたかもしれない。

幕末維新

波瀾万丈な道を選んだ革命家

高《たか》杉《すぎ》晋《しん》作《さく》

死に方

病死

享年29
(1839年～1867年)

PROFILE

吉田松陰が主宰した松下村塾の門下生。倒幕派から佐幕派へと歩みを変えていた長州藩をふたたび倒幕派に戻した。維新目前で病死。

自らの人生哲学を辞世の句に託す

『おもしろきこともなき世に　おもしろく』

江戸末期の長州藩士、高杉晋作の辞世の句だ。

その解釈は二通りあるといわれている。

『面白くないことを面白く生きるには、面白くしてやろうという心構え次第だ』という読み方がひとつ。もうひとつは『面白いと思って生きていけば面白くなっていくものだ』という達観した読み方である。

革命家として波瀾万丈な生き方に徹した晋作は、まさに『面白き』ことのない静かな日常を拒絶し、あえて『面白き』ことを自らの身をもって実現し続けた。

そういう意味で晋作が残した辞世とは、自分自身の人生哲学であったのかもしれない。

圧倒的な行動力で乱世を生き抜いた

松下村塾で吉田松陰に学んだ晋作は、尊皇攘夷の志士として立ち上がった。

明治の元勲《げんくん》の一人、伊藤博文が晋作のことを、

「動けば雷電の如く　発すれば風雨の如し」

と評したことからわかるように、その行動は予測できないほど素早くも苛烈であって、農民中心の軍隊で構成された奇兵隊の創設など、常人には計り知れない発想で、次々と動乱の時代の壁を打ち壊していった。

四カ国連合艦隊との交戦直後の下関では、晋作は講和のための交渉[※1]にあたり、その外交能力が高く評価された。とりわけ外国の海軍軍人を相手取っても、臆することなく堂々とした態度で臨んだことで、その機知と行動力に称賛が集まったといわれている。

※1　連合国軍側に300万ドルの賠償金を求められたが、長州藩ではなく幕府に支払わせた。賠償金は分割で支払われ、倒幕後は明治政府が引き継いだ

一方で、晋作にとって人生最大の山場は、長州征伐後に幕府との協調政策を掲げる俗論派に藩政を奪われていた時期に、下関の功山寺にてわずか九十人ばかりの同士とともに挙兵したことが挙げられる。

この戦いで晋作は劇的な勝利を収めて藩政を掌握し、一気に討幕に向けて邁進する。

そうして慶応二年[※2]六月、第二次長州征伐が勃発した。

幕府軍の兵十万五千に対して、長州軍はわずか三千五百という大差がありながらも、幕府軍を追い詰めていく晋作だった。

しかし、この頃すでに晋作の体はぼろぼろだった。

「ごほっ、ごほごほっ――」

「高杉さん、どうか療養してください！」

苦しそうに咳きこみ続ける晋作を見かねて伊藤博文が進言する。

満身創痍の晋作は、痩せこけた顔に無念を滲ませながらも戦線を離脱するしかなかった。

翌年四月、療養のかいなく、不治の病の結核でこの世を去る。

冒頭の辞世の句は、志半ばで二十九歳という短い生涯を終える最期に詠まれたものだ。

その時の晋作が、我が『面白き』人生に満足していたかどうかは、誰にもわからない。

※2　西暦1866年

あえて波瀾万丈に生きた晋作の革命家としての流儀

長州藩士の晋作は、つねに時代の先を読み、考えるよりまずは行動することで物事を前に進めようとした。その実行力が周囲の人をも動かして数々の偉業を達成することができた。

織豊時代

凄絶な戦いの果てに散る花の若武者

長《ちょう》宗《そ》我《か》部《べ》信《のぶ》親《ちか》

死に方

討ち死に

享年22
(1565年〜1586年)

PROFILE

四国を統一した長宗我部元親の長男。羽柴秀吉に臣従し九州攻めに参戦。仙石秀久が率いた先発隊に加わり、戸次川の戦いで散った。

学問と芸能にも秀でた美形の傑物

長宗我部信親は、四国の雄として名高い元親《もとちか》の長男として、永禄八年[※1]に生まれた。母方は美濃の斎藤氏で、明智光秀の重臣を務める家柄だ。両親から勇士の血を受ける信親の名は、織田信長からその偏諱《へんき》を賜ったもので、その際に拝領した『左文字』の太刀が信親最期の差料となってしまったのは、運命の皮肉といえるのかもしれない。

すくすく成長していく信親は、家臣からも民からも、国の誰にも敬愛された。身長百八十センチを優に超えたすらりとした体躯《たいく》で、肌の色は白く、整った容姿で、日常の言葉づ

※1　西暦1565年

かいは上品かつ穏やか、しかも武芸だけでなく学問や芸能にも秀でる才幹を兼ね備えた。

土佐国の戦国大名である父元親の力もあって、信親は何不自由なく育ったが、やがて戦乱の不穏な波に翻弄されていくのだった。

無謀な作戦の犠牲となって無駄死に

豊臣政権の確立とともに、長宗我部家は圧倒的兵力による討伐を受け、元親は田舎武士の限界を痛切に感じ、降伏してしまう。以降は土佐一国の主として秀吉に臣従する。

事の発端は九州だった。薩摩の島津氏が跳梁跋扈《ちょうりょうばっこ》で迫りくるため、豊後《ぶんご》の大友氏が秀吉に救援を仰いだ。秀吉はまず四国勢を先鋒として派遣し、当面の急場を凌がせようとした。こうして天正十四年※2の冬、元親と信親の三千の兵は、海路豊後へと赴くことになった。

間もなく島津勢もまた豊後に侵入し、大友氏の鶴ヶ城を攻撃しはじめる。

十二月十一日、軍監《ぐんかん》※3の仙石秀久と信親は、これを救援しようと戸次《へつぎ》川に陣を敷いた。

軍議上で秀久は川を渡っての攻撃を強く主張する。対して元親は加勢を待ってから川を渡って合戦すべきだと反対した。しかし秀久は聞き入れず、出陣は強引に決められた。

※2　西暦1586年
※3　軍事の監督をする役職

信親はその決定を批判し、家臣に対して「この方より川を渡る事、罠に臨む狐のごとし。まったくの自滅と同じ」と吐き捨て、自軍の討ち死を覚悟していたといわれている。

翌日、戸次川の戦いがはじまった。信親は秀久が率いる先発隊に加わっていた。

「対岸には島津軍がいる！　やはり父上の言う通り、加勢が来てから戦いましょう」

そう進言する信親に対し、

「なんだお前ら土佐の者は怖いのか？　ならば私の手勢だけでも川を渡るぞ」

と、秀久に嘲笑され、信親たち長宗我部勢は結局川を渡ることになった。

予想通り、島津勢の大軍が急襲してくる。ところがあろうことか、軍監の秀久はあっさりと敵前逃亡してしまい、長宗我部勢だけが最前線に取り残されてしまう。

それでも気後れすることなく、信親は下馬して大薙刀を振り回し、勇猛に敵兵と戦った。凄まじい力で八人もの兵を斬り倒し、さらには信長から拝領した『左文字』の太刀を抜いて六人を斬り捨てた。

だが、直後だ。島津の軍勢が覆い被さってきて、力負けする形で信親は討ち死に。信親を慕って戦死した将卒は七百名。すべては秀久の無謀な作戦が招いた無駄死にといえた。

信親は享年二十二。あまりに早すぎる、無念の死であった。

才色兼備の武勇者の残念な最期

文武両道で外見も心根も素晴らしい信親は、父譲りの義勇心で多くの家臣からも慕われた。もし戸次川の戦いを生き延びていたなら、必ずや豊臣政権で頭角を現したに違いない。

鎌倉時代

甥に殺された三代目将軍の悲劇

源《みなもとの》実《さね》朝《とも》

死に方

暗殺

享年27
(1192年～1219年)

PROFILE

鎌倉幕府第三代将軍。武芸よりも和歌や蹴鞠といった貴族文化を好み、歌人としても知られる。右大臣に任じられた翌年に暗殺された。

北条氏の暗躍によって翻弄される三代目将軍

※1建久《けんきゅう》三年、源実朝は頼朝と北条政子《ほうじょうまさこ》の次男として生まれる。実朝は将軍家の子として寵愛を受け、和歌や蹴鞠《けまり》といった朝廷貴族の文化を好む子となり、何不自由なく成長していく。しかし七歳の時、父頼朝《よりとも》の急死によって、実朝の命運はにわかに波乱に満ちたものへと変わっていった。

頼朝亡きあと、兄の頼家《よりいえ》が家督を継いで二代目の鎌倉殿、征夷大将軍となった。直後から頼家の将軍在位を望む比企《ひき》氏と、実朝を新たに将軍にしようとする北条氏が争うように

※1　西暦1192年

なり、比企一族が敗北して滅亡する。

これによって兄の頼家は鎌倉から追放されて出家を余儀なくされてしまう。

さらには頼家が存命しているにもかかわらず、鎌倉から『頼家死去につき、実朝が跡を継いだ。速やかに将軍職任命を請う』という虚偽の申請が朝廷に届けられた。

その後、北条氏に担ぎ出される形で実朝が三代目将軍となる。

当時の実朝の年齢は十一歳。それこそが北条氏の狙いだった。政治の実権は幼い将軍ではなく、将軍を補佐するという名目のもとで、政子の父・時政《ときまさ》が掌握していくのだった。

不可解な暗殺で幕を閉じる初の武家政権

翌年、鎌倉を追い出された頼家は、入浴中を北条氏の刺客に襲われて絶命する。享年二十三だった。政権をめぐって血なまぐさい事件が続くなか、母の政子の計らいによって、実朝は亡き兄頼家の遺児である善哉《ぜんざい》を猶子とした。

五年後の建暦《けんりゃく》元年※2、善哉は鶴岡八幡宮寺別当の許で出家し、公暁《くぎょう》と称するようになる。

以降も実朝は昇進を続けた。裏で実朝を取り込もうとする後鳥羽《ごとば》上皇《じょうこう》の目論見もあっ

※2　西暦1211年

たといわれている。
※3建保《けんぽう》六年、武士として初めて右大臣に就任した実朝は、翌年一月二十七日、昇進祝いをするために雪の積もる鶴岡八幡宮へ拝賀する。
夜になり神拝を終えた実朝が八幡宮を退出した、その帰途だった。

「親の仇はかく討つぞっ！」

境内で大きな叫び声が轟いたかと思うと、銀杏の大樹に隠れていた男が飛び出してきた。亡き兄頼家の息子、公暁だった。

こんこんと雪が降りしきるなか、猛突進してくる公暁。立ちすくんだまま恐怖で動くことができない実朝は、甥の刃に斬り捨てられ、その場で命を落とした。享年二十七だった。ほどなくして公暁もまた討たれて絶命し、源頼朝以来続いた初の武家政権である源氏将軍家の流れは、わずか三代で絶えることとなる。

なお、太刀持ちをしていた北条義時《ほうじょうよしとき》は、途中で腹痛を訴えて参列を離れ、難を逃れた。公暁に実朝を討たせたのは、北条氏の専横を憎む公暁の乳母夫であるとも、後鳥羽上皇の意向とも、公暁の独断ともいわれるが、真実は闇へと葬られたまま終わった。

そうして奪われた実朝の首もまた所在不明で発見されることはなかった。

※3　西暦1218年

建保7年1月27日、右大臣昇進祝いで鶴岡八幡宮に訪れた源実朝。
夜になり神拝を終えた実朝は八幡宮を退出。
公暁 源頼家の息子で実朝の甥
父の仇!!
ヒー…
ギャー
覚悟っ!!
ズサッ…
源家はたった三代で終焉を迎えた。

北条氏の謀略に踊らされた悲劇の将軍の末路

初の武家政権として君臨した源氏将軍家は頼朝が急死してからは悲運に見舞われた。三代将軍実朝も北条氏に操られた揚げ句、実の甥に討たれて死んだ。なんとも儚い源氏の夢だった。

コラム
其の五

お城が燃えている!? 勘違いで自決した白虎隊

生き残った貞吉はどうなった？

旧幕府軍と新政府軍が戦った戊辰戦争。会津藩は鶴ヶ城に籠城しながら、新政府軍と戦いをくり広げていた。十代の男子で編成された白虎隊は、かろうじて飯盛山に逃げのびるが、彼らが見たものは燃えている鶴ヶ城だった。しかし、実際は鶴ヶ城ではなく周りの城下町が燃えていたのだった。彼らは守るべき城が燃えていると勘違いし、もはやこれまでと20人が自刃を決行。ところが、一人だけ急所をはずし生き残った人物がいた。当時14歳だった「飯沼貞吉《いいぬまさだきち》」である。

その後、彼は敵対していた長州藩士・楢崎頼三に引き取られ、何度か死のうとするものの勉学に励んで通信技師となった。日本の電信・電話の発展に貢献し、77歳で人生の幕を閉じたという。

第六章

因果応報な死に方

芹沢鴨
上杉定正
足利義教
井伊直弼
小早川秀秋

幕末維新

芹《せり》沢《ざわ》鴨《かも》

隊内粛清《しゅくせい》で仲間に暗殺された浪士

死に方

粛清

享年38
(1826年〜1863年)

PROFILE

近藤勇らとともに壬生浪士組を結成。新選組初代筆頭局長になるが、日頃の素行の悪さが災いし、会津藩の密命により粛清された。

蛮行を重ねる初代筆頭局長に天誅が下る

幕末の文久三年[※1]。京都政界で実権を掌握していた尊皇攘夷派が、公武合体派によって御所から追い出された。その際に出動命令が下されて、尊皇攘夷派を討ち払い、御所警衛の大役を果たしたのが壬生《みぶ》浪士だった。新選組の前身となる浪士団である。

この凄腕の剣士集団の噂はあっという間に京都を席巻、彼らは英雄視されて大きな話題となった。ところが、壬生浪士は内部に大きな問題を抱えていた。

近藤勇とともに初代筆頭局長となった芹沢鴨の存在だった。

※1　西暦1863年

酒癖、女癖が悪かった芹沢は、自分の思い通りにならないことが起きると、暴れ回って蛮行を重ねた。おまけに体格が大きく、腕力もあったため、いったん暴挙がはじまると手がつけられなくなった。壬生浪士を預かる会津藩の松平容保《かたもり》は悩みに悩んだ末、近藤勇をひそかに呼びつけて命じるのだった。

「芹沢を暗殺しろ」

泥酔したところを狙われ滅多斬り

当初、近藤はともに壬生浪士を率いてきた芹沢を殺害することを躊躇《ためら》った。

しかしこのまま芹沢の傍若無人な蛮行を許せば、京都の人々の信用を失って、隊の存続も危ぶまれると案じた。崇高な義に共感して集まってくれた剣士のために、それだけは絶対に避けなければ、と悩んだ末に暗殺を決意した。

同年九月十八日夜。

「おらぁ、もっと酒を持って来いっ！　早くしろやっ！」

鉄扇を振り回して叫び声を張り上げ、大酒を喰らう芹沢は、いつものように泥酔して、屯所で愛妾のお梅と床に寝付いた。

「ドッドッドッドッドッ――」。熟睡している芹沢のところに、近藤の意を受けた土方歳三や沖田総司ら四人が足音を殺して踏み入ったのは深夜零時のこと。

「芹沢、覚悟っ！」

言いながら沖田は、寝入っている芹沢に一太刀、上から突く。

「ぐうぅおっ！」

沖田の剣先は致命傷を与えることができず、跳び起きた芹沢が脇差を抜いて応戦する。

「ビシュッ！」と、鋭い一撃で沖田は顔面に軽傷を負うも、天才剣士と立ち回りをしたところで敵わぬと観念した芹沢は、真っ裸のまま隣室へと逃げこもうとした。

しかし、闇の中で芹沢の足はもつれ、文机につまずいて転んでしまう。

すかさず土方たち刺客に囲まれた芹沢は、もはやなす術なく上から滅多斬りされ、血まみれになって絶命した。一緒に寝ていたお梅もまた巻き添えを喰らって死亡する。

事件後、芹沢を斬ったのは長州藩士の仕業とされ、犯人が捕まることはなかった。

横暴な芹沢の死は因果応報といえるかもしれない。だが、近藤一派が新選組を掌握したかったための内紛だったとも取れる。正義は勝者のものとなるからだ。

酒と女に溺れた新選組の初代筆頭局長

芹沢鴨は勇猛な剣士らを率いる長のはずが、暴君として酒と女に溺れて問題ばかり起こした。近藤勇らに粛清されるのは当然の結果。驕れる者久しからず、とはまさにこのことだ。

戦国時代

呪い？ 不慮の死を遂げた戦国武将

上杉定正《うえすぎさだまさ》

死に方

溺死

享年49
(1446年〜1494年)

PROFILE

家宰・太田道灌の活躍で領土を広げるも、山内上杉顕定の策略により道灌を暗殺。顕定との合戦中に落馬し、帰らぬ人となった。

嫌疑と嫉妬から恩人の家宰を謀殺

上杉定正は扇谷上杉持朝《おうぎがやつうえすぎもちとも》の三男として生まれる。

※1文明五年、扇谷上杉氏の当主だった甥の政真《まさざね》が、五十子《いかっこ》の戦いで古河公方・足利成氏《しげうじ》に討たれて敗死したため、遺臣に擁されて急遽本家を継ぐことになった。

※2文明八年に長尾《ながお》景春《かげはる》が叛乱を起こし、五十子を急襲、定正らは大敗を喫して上野国へ敗走する羽目になる。

上杉方は危機に陥るも、家宰の太田道灌の働きによって長尾景春の乱は鎮定され、そ

※1　西暦1473年

※2　西暦1476年

ののちには関東管領家の山内上杉顕定《あきさだ》と並ぶほどまでに勢威を伸ばしていった。

しかし、定正の心は大きく揺れる。

扇谷・山内両上杉の安定化を図ろうとした道灌の真意を疑い、道灌へ集中する名声を妬むようになり、さらには道灌さえ亡き者にすれば両上杉の不和は払拭できると山内上杉顕定に挑発され、文明十八年、功労者である道灌を相模国《さがみのくに》糟屋の館で謀殺したのだ。

殺される瞬間、道灌は「当方滅亡」と叫んで果てた。

私を殺せば扇谷上杉家もまた滅亡するであろう、という不吉な予言に満ちたものだった。

決戦直前に落馬してあっけなく急死

予言通り、定正の思惑とは異なり、山内上杉との関係は悪化するばかりだった。

そのため、以後はかつて敵対していた長尾景春や古河公方と手を結び、山内上杉氏との対立を深めていくこととなる。
※3長享《ちょうきょう》二年二月、顕定が定正の本拠地を攻略しようと相模国実蒔原《さねまきはら》※4に出陣した時である。
定正は寡兵ながらも巧みな戦略で山内上杉勢を破る。

※3　西暦1488年

※4　現在の神奈川県伊勢原

そして迎えた明応三年十月五日[※5]、定正は高見原に出陣し、ついに決着をつけんとばかりに荒川を挟んでふたたび顕定と対峙した。

「定正殿、川を渡りましょう！」

一緒に出陣していた伊勢宗瑞《いせそうずい》[※6]に言葉を向けられ、「うむ」と肯き、戦意を漲《みなぎ》らせて馬を進める定正だった。が、ここで思わぬ事態となる。

「ヒヒヒーィイインッ！」

突然、馬が暴れ出し、騎乗していた定正は川を渡っている最中に振り落とされてしまう。

ドッボーンッ！　激しい水飛沫《しぶき》とともに水没する定正を慌てて家来たちが引き上げる。

「！」

次の瞬間、家来や家臣は絶句する。落馬が原因で定正はすでに絶命していたのだ。

「し、死んでいる――定正様が急死してしまった！」

目の前に敵陣を控えて決戦を前にしながら、にわかに定正の軍勢は大混乱を極め、川を渡り切ることなく、退陣を促し引き返していくしかなかった。

享年四十九。流説ではあるが、落馬して命を落としたのは、「当方滅亡」と叫んで果てた太田道灌の呪《のろ》いではないかと、扇谷・山内上杉両家の間で、その後しばらく囁かれた。

※5　西暦1494年
※6　のちの北条早雲

度量の小ささが
恩人の家宰の呪いを招く

家宰の働きで勢力を拡大しながら、彼の才能に嫉妬して惨殺する。のちに落馬して川に落ち急死するという、戦国武将としてはひどく情けない最期を迎えた。すべては身から出た錆だった。

室町時代

室町幕府を揺るがせた将軍暗殺

足利義教《あしかがよしのり》

死に方

暗殺

享年48
(1394年〜1441年)

PROFILE

三代将軍だった足利義満の四男で、室町幕府六代将軍。専制政治を行って「万人恐怖」と恐れられた。守護・赤松満祐によって暗殺。

くじ引き将軍による暴虐に戦々恐々

『万人恐怖』と民からも家臣からも恐れられていた、第六代室町将軍の足利義教。別名『くじ引き将軍』と揶揄《やゆ》され、のちに暴君として暴走しはじめ、その運命は急展開を迎えて、最後には嘉吉《かきつ》の乱をもって命果ててしまう。

事の起こりは、五代将軍の足利義量《あしかがよしかず》が病弱のため、兄である四代の足利義持《あしかがよしもち》が政治を執っていたのだが、両氏ともに六代目を指名しないまま世を去ってしまったことだ。

「ならば神様に決めていただくしかない」と、混迷する幕府の重臣たちは、義持の弟たち四人の名前を札に綴《つづ》り、石清水八幡宮でくじ引きを行った。

その結果、選ばれたのが義教だった。

将軍になって間もなく、義教の暴君ぶりは際立っていく。

大名の家督相続に物申して、自分に従う者だけを当主に据えたり、比叡山と大喧嘩したあげく僧侶二十四人が焼身自殺する騒ぎになったりと、恐怖政治の見本のようなことばかり繰り返した。当然、人心は離れていき、怒りと苛立ちと憤りが激化する、義教はますます苛烈になっていくという悪循環に陥る。

宴の最中に首を斬られた暴君の末路

傍若無人な義教の圧政は、やがて赤松家に及ぶ。当時の赤松家は、室町幕府の中でも四職《しき》と呼ばれる由緒ある家柄で、潤沢な資産と領地を保有していた。

赤松家の当主は満祐《みつすけ》。義教に疎まれて親族の領地を奪われるなど、数々の暴挙の被害に遭っていた。それればかりか、

「次に粛清されるのは満祐だろう」という噂さえ流れていた。そして義教自身も、

「ワシに従わない者は誰構わず粛清してやるぞっ！」

と、将軍の力を誇示するように豪語して憚《はばか》らなかった。

「――よし、あいつを暗殺しよう、殺《や》られる前に殺るしかない」

赤松家内でそのような謀略が、満祐と教康《のりやす》の父子によって決められたのは当然の成り行きといえただろう。

嘉吉《かきつ》元年※1六月二十四日。「我が家に鴨の子がたくさん生まれたのでぜひ見に来てください」。そう教康が義教に告げ、屋敷へと誘った。

「鴨か――なかなか風流だな。では行ってみるとするか」

深く物事を考えようとしない義教は、まんまと赤松家の策に嵌まり、屋敷を訪問する。

そうして義教をはじめとして、幕府の高官や公家たちが赤松邸で猿楽を観賞していたところだ。突然、屋敷の庭の馬が暴れ出したかと思うと、次の瞬間には、甲冑を纏《まと》った赤松家の武士たちが宴席に続々と乱入し、義教らの首をズバズバと斬り落としていった。

将軍が惨殺されたにもかかわらず、強力な独裁者の義教を突然失って幕府は混乱を極め、その後しばらく、首謀者である満祐を罰しようとする動きはなかった。室町幕府が傾いたのは、この嘉吉の乱が甚大な影響を及ぼしたといわれている。

※1　西暦1441年

自らの暴挙が招いた家臣の謀反に横死

くじ引きで任命された将軍のはずが、権力を過信する余り、暴君として恐怖政治を行う。結果、身の危険を察した家臣に返り討ちされてしまうが、憐れむ者などいなかった。

幕末維新

桜田門に散った稀代の為《い》政《せい》者《しゃ》

井《い》伊《い》直《なお》弼《すけ》

死に方

暗殺

享年46
(1815年～1860年)

PROFILE

幕末の譜代大名で江戸幕府大老。日本の開国・近代化を断行するなかで、反対勢力を大量に粛清。その反動により桜田門外で暗殺される。

尊皇攘夷派を排斥した断行で恨みを買う

日本の政治史を激変させた立役者である井伊直弼。

嘉永七年[※1]（安政元年）に日米和親条約を、安政五年には日米修好通商条約を締結させ、二百年余りにわたって鎖国状態だった日本を世界へと開放した。

長い目で見れば、日本の歴史に与えた影響は多大なものだが、政治先駆者としての評価は低く、それればかりか幕政改革派を弾圧した幕末大老として当時は批判の矛先が集中した。

その理由は、天皇の勅許なしに通商条約に調印したことが挙げられる。前後して将軍継

※1　西暦1854年

嗣問題では、水戸の徳川斉昭が推す攘夷側の一橋派を退け、開国を支持する南紀派の徳川慶福《よしとみ》を世子に定めるなど、大鉈《おおなた》を振るって自説を断行したことも一因だ。

さらには、井伊のやり方を批判する一橋派の処罰と幕府批判勢力の掃討のために『安政の大獄』と呼ばれる弾圧を強行し、守旧的指導者の帳本として捉えられた。

幕府批判を繰り広げる諸藩の藩士を捕らえては獄に放り込んで処刑し、罰せられた皇族や公家、僧、藩主や浪人、学者、町人などの連座者は延べ百人以上。一橋慶喜《ひとつばしよしのぶ》や水戸藩主もまた謹慎処分を受け、徳川斉昭は永蟄居《ながちっきょ》という厳しい処分となった。

こうしたなかには、松下村塾を開いて幕末志士たちを教え導いた吉田松陰らが含まれていたため、井伊は尊皇攘夷派から苛烈な恨みを買った。

特に水戸藩関係からの怒りは凄まじく、これが井伊の命運を変えていくことになる。

十八人の刺客に襲撃されて斬首

安政七年[※2]三月三日。早朝から大雪に見舞われる寒い日だった。

井伊のいる彦根藩邸から江戸城桜田門までは約四百メートルほどの短い距離だ。

※2　西暦1860年

井伊の乗った籠を担ぎ、進んでいく行列は総勢六十人ほどだったが、その沿道には大名行列を見ようと多くの人々が待ち構えていた。

そんな衆人環視の下、突然、「バァーンッ!」という拳銃の咆哮が轟く。

直後、通りには浪士たちが次々と現れ、井伊の行列に襲いかかった。

計十八人の刺客に周囲が騒然とし、井伊を守るべき藩士は立ち向かう暇もなく次々と刀で斬られていった。

井伊は居合の達人として知られていたが、この時すでに腰から大腿にかけて被弾していて逃げることができなかった。

籠のなかで座ったまま動けずにいると、刺客たちに囲まれて刀を突き立てられ瀕死の状態となる。そうしてもはや血まみれで息絶え絶えだったところ、籠から強引に引きずり出されるや、瞬く間に首を刎《は》ねられて絶命してしまった。

この間、わずか十数分。

いくつもの歴史的決断を断行して、新しい日本へと導いた稀代の為政者は、その政治手腕を評価されることなく、雪が降りしきる朝に暗殺されて凄絶なる非業の最期を遂げたのだった。

憎み疎まれた
日本開国の立役者の最期

古き日本の慣習にとらわれず、抜本的な政治改革を実現したが、多くの敵を作りすぎた。性急な改革の前に地固めをすれば、さらに偉業を達成できたであろう。

織豊時代

乱世に翻弄された寝返り戦国武将

小早川秀秋《こばやかわひであき》

死に方

病死

享年21
(1582年〜1602年)

PROFILE

秀吉の正室・高台院の甥。実子に恵まれなかった小早川隆景と養子縁組したのちに、天下分け目の関ケ原の戦いで徳川家康の東軍に寝返った。

豊臣家の後継者候補から一転する人生

豊臣秀吉に長い間子どもができなかったため、正室だったおねの甥の小早川秀秋《こばやかわひであき》は、三歳の時に養子として迎え入れられる。以降、秀秋は豊臣家の後継者の一人として重用され、丹波亀山に十万石を付与されるほど大切に扱われた。

ところが、秀吉と茶々※1の間に秀頼が生まれると状況が一転。秀秋の存在が邪魔になった秀吉は、毛利輝元の養子にしようと計画する。

これは軍師の黒田官兵衛の案で、秀秋を追い払うと同時に毛利家の乗っ取りを画策する

※1　のちの淀殿

ものだったが、毛利輝元の家臣の小早川隆景《たかかげ》は謀略だと察知し、

「秀秋殿はぜひ自分の養子に貰いたい」

と進言して毛利家を守った。

かくして文禄三年[※2]、秀秋は隆景の養子となって小早川家に入り、輝元の養女を妻に迎え、豊臣家から裏切られるようにして切り離されたのだった。

裏切りには裏切りで、という考え方も

慶長五年[※3]九月十五日、天下分け目の関ケ原の戦いがはじまる。

当初、秀秋は豊臣勢の石田三成の要請を受け、西軍として伏見城の戦いに参加。その後は一万五千という西軍有数の大軍を率いて、関ケ原の南西にある松尾山に到達し布陣する。

午前八時、ついに合戦がはじまった。午前中の戦況は西軍が有利に動いていた。

秀秋は戦に加わることなく、ただ合戦を傍観した。

じつは参戦前から東軍の徳川家康側につく方向で話はまとまっていた。そのため開戦後、家康は度々使者を送り込んだ。それでもなかなか決断することなく、ただ戦を傍観し続け

※2　西暦1594年
※3　西暦1600年

る秀秋に家康は苛立ち、ついには秀秋の軍に向けて鉄砲を撃ち込んだとされている。[※4]

家康によるこの威嚇射撃で秀秋は焦りに焦った。そうして慌てて西軍を裏切る形で東軍に寝返り、自ら率いる大軍に指揮したのだった。

「我らは家康様につくぞっ！」

この裏切り行為をきっかけに西軍側の兵士は次々と離反し、戦はわずか一日もかからず、東軍の勝利となる。武将間での裏切りは当たり前だった戦国時代においても、合戦中の寝返りは褒められたものではなく、しかもそもそも豊臣家の養子として出世したにもかかわらず、家康側についた秀秋への世評は芳しいものではなかった。

その後、西軍を裏切ったことで多くの諸将から恨みを買った秀秋は、精神がおかしくなり、病む心を紛らわすため酒の飲みすぎで内臓を壊したといわれている。享年二十一。

秀秋の死によって小早川家は改易となり、秀吉の五大老まで務めた小早川家は歴史の表舞台から姿を消してしまう。養子として迎え入れられた三歳当時から乱世に翻弄され、短くも不運な生涯に幕を閉じた。

他方で見方を変えるなら、豊臣家に裏切られたがゆえ豊臣側の西軍を裏切り、関ケ原の戦いで豊臣家を衰退に追い込んだとも考えられる。

※4　この「問鉄砲」はなかったとする研究が主流

慶長5年9月15日
天下分け目の関ヶ原の戦い
西
東
秀吉様の養子だったケド…
家康様につくぞ〜
この裏切り行為をきっかけに西軍側の軍勢は次々と離反し、戦はわずか一日で東軍の勝利となる。
裏切りが当たり前だった戦国時代だが、直前の寝返りは褒められたものではない。
もともと酒好きだった秀秋は、
関ヶ原の戦いの2年後にアルコール依存症による内臓疾患でこの世を去った。享年21。

天下分け目の決戦で
掟破りの寝返り

若き日に秀吉に裏切られた秀秋は、その復讐を試みたのか、関ヶ原の戦いで西軍を裏切り、家康勢に加担する。戦のあと、心を病んで酒の飲みすぎで死ぬが、裏切りの真意は謎である。

コラム
其の六

鮭を食べて死亡した義理堅い吉川元春

黒田官兵衛のために鮭を食べて病状が悪化

勇将として知られる毛利一族の吉川《きっかわ》元春は、盟友である黒田官兵衛が用意した鮭を食べて死んでしまったという話がある。秀吉の要請により九州攻めに出陣中、元春は持病により体調を崩して小倉城で休養することになった。そこへ、黒田官兵衛が元春に九州では貴重な食べ物だった鮭を贈る。鮭は持病を悪化させる危険性があったが、せっかく官兵衛がもてなしてくれた鮭を食べないのは失礼だと思って口にしたのだ。鮭が持病を悪化させるという医学的根拠はなく、おそらく当時の迷信だと思われるが、元春の義理堅さが窺い知れるエピソードである。本当の死因は癌だったと考えられ、天正14年（1586年）元春は出征先の小倉城で死去。57歳だった。

◈おわりに◈

戦国時代の覇王・織田信長の死に方は知っていても、謀反を起こした明智光秀がどのような死に方をしたかを知っている人は少ない。もしかしたら、山崎の戦いで羽柴秀吉に討たれたと思っていた人もいるだろう。しかし、光秀は敗走するも死のうなどとは微塵《みじん》も思っておらず、むしろ挽回しようとさえ思っていた。

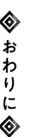

歴史教育において、信長に代わって秀吉が天下を取るという覇権の変遷こそが重要なことであり、光秀の詳細な死は特に覚える必要はない。だが、三日天下と呼ばれた光秀の残念さや無念さは、「巻き返しを画策しつつも、その道中に農民の手で命を落とした」というところまで知っていると、より一層重みが増すのである。

ちなみに、本書は武士の死に方をまとめたものであり、武士の妻の死が描かれたのは柴田勝家の妻・お市の方くらいである。お市は勝家と結婚する前、北近江の戦国大名・浅井長政と婚姻しており、小谷城を居城にしていたことから小谷の方ともいう。織田信長の妹であったお市は、長政と信長が争った一乗谷城の戦いで一度は生き延びた。しかし、彼女は知っての通り勝家と死をともにする。落城の際に夫に殉じて妻が死を選択するという事例は極めて少なく、戦国時代では数えるほどしかない。

それにしても、信長の妹ということで逃げ延びることもできたはずのお市の方が、なぜ勝家と死ぬことを選んだのか。二度も生き延びることを恥じたのか、純粋に勝家に惹かれていたのか、それとも別の理由があったのか――。なんにせよ、勝家と一緒になったがために命を落とすことになった彼女もまた、非常に残念な死に方である。さらに、お市の方の娘である淀殿が、息子の豊臣秀頼とともに大坂城で死を選ぶというのも、悲運としか言いようがない。

ただ、一番残念な死に方は不慮の事故かもしれない。なにしろ自分で死を選ぶことすらできないし、当人も死の直前まで命を落とすことは考えてもいないだろう。本書には、そういう死に方をした武士たちもたびたび登場しているが、まさに一寸先は闇である。そんな風に考えると、一日一日を大切にしたくなるのはきっと私だけではないはずである。

小和田哲男

参考文献

『戦国武将の生き方死に方』小和田哲男 著(新人物往来社)
『日本史見るだけノート』小和田哲男 監修(宝島社)
『戦国史見るだけノート』小和田哲男 監修(宝島社)
『ビジュアル版 日本の歴史を見る⑤ 群雄割拠と天下統一』小和田哲男 監修(世界文化社)
『図解 戦国武将』池上良太 著(新紀元社)
『戦国武将の手紙を読む 浮かびあがる人間模様』小和田哲男 著(中公新書)
『別冊歴史読本㉛ 事典にのらない戦国武将の死の瞬間』(新人物往来社)
『別冊 完全保存版 戦国武将の死』(KKベストセラーズ)
『最期の言葉 一〇一人の男たちの辞世』柘植久慶 著(太陽出版)
『歴史の失敗学 25人の英雄に学ぶ教訓』加来耕三 著(日経BP)
『戦国武将ものしり事典』奈良本辰也 監修(主婦と生活社)
『早わかり戦国史』外川 淳 編著(日本実業出版社)
『日本史用語集A・B共用』全国歴史教育研究協議会 編(山川出版社)
『風雲!幕末志士事典』山村竜也監修 ながたみかこ 著(大泉書店)
『図解・日本の歴史 幕末って何だろう』奈良本辰也 監修(PHP研究所)
『一冊でわかる イラストでわかる 図解 幕末・維新』東京都歴史教育研究会 監修(成美堂)
『図解雑学 坂本龍馬』木村幸比古 著(ナツメ社)
『イラスト図解 幕末・維新』大石学 監修(日東書院本社)
『オールカラーでわかりやすい! 幕末・明治維新』永濱眞理子 著(西東社)
『図解・日本を変えた 幕末・明治維新の志士たち』河合敦 監修(永岡書店)
『歴史群像シリーズ特別編集【決定版】図説・幕末志士199』(学研)
『自刃 幕末志士の死にかた』冨成博 著(新人物往来社)

監修　小和田哲男

1944年、静岡市に生まれる。1972年、早稲田大学大学院文学研究科博士課程修了。2009年3月、静岡大学を定年退職。静岡大学名誉教授。主な著書に『日本人は歴史から何を学ぶべきか』(三笠書房、1999年)、『悪人がつくった日本の歴史』(中経の文庫、2009年)、『武将に学ぶ第二の人生』(メディアファクトリー新書、2013年)、『名軍師ありて、名将あり』(NHK出版、2013年)、『黒田官兵衛　智謀の戦国軍師』(平凡社新書、2013年)、『明智光秀・秀満』(ミネルヴァ書房、2019年)などがある。

STAFF

カバー・本文イラスト　たむらかずみ
執筆協力　秀島迅
校正　ヴェリタ
企画・編集　細谷健次朗（株式会社G.B.）
編集協力　柏もも子（株式会社G.B.）
編集統括　大井隆義（ワニブックス）

装丁・本文デザイン　山口喜秀（Q.design）
DTP　G.B. Design House

残念な死に方事典

監修　小和田哲男

2020年3月25日　初版発行

発行者　横内正昭
編集人　内田克弥

発行所　株式会社ワニブックス
〒150-8482
東京都渋谷区恵比寿4-4-9えびす大黒ビル
電話　03-5449-2711（代表）
03-5449-2734（編集部）
ワニブックスHP　http://www.wani.co.jp/
WANI BOOKOUT　http://www.wanibookout.com/
WANI BOOKS NewsCrunch　https://wanibooks-newscrunch.com/

印刷所　株式会社美松堂
製本所　ナショナル製本

ISBN 978-4-8470-9902-1